# TRAITÉ USUEL

## A L'USAGE DE TOUS

POUR LA VULGARISATION DES LOIS ET L'ENSEIGNEMENT PRATIQUE DES AFFAIRES

Accompagné d'un formulaire raisonné et analytique des Actes
Pétitions, Réclamations, etc.

### Par G. DELAHAYE, jurisconsulte

PUBLIÉ PAR LIVRAISONS

**Deux livraisons par mois, formant pour le Traité usuel un volume
par an de plus de 400 pages, grand In-8° Jésus.**

LE FORMULAIRE SE PUBLIE SÉPARÉMENT PAR LIVRAISONS MENSUELLES

## PRIX :

Le TRAITÉ USUEL, la livraison **40** centimes
L'ABONNEMENT : Trois mois, **2** fr. Six mois, **3** fr. **50**. Un an, **6** fr.

PORT EN SUS

L'Abonnement de Trois Mois se paie en souscrivant. — L'Abonnement de
Six mois, **1** fr. **75**, en souscrivant. — L'Abonnement d'un An, par Trimestre,
soit **1** fr. **50**.

L'Abonné d'un An a droit, moyennant un supplément de **2** fr., aux livraisons
du formulaire.

### PRIX DU FORMULAIRE SEUL :

LA LIVRAISON, **75** cent. — L'OUVRAGE ENTIER, **6** fr.

## AVANTAGES ATTACHÉS A L'ABONNEMENT

L'Abonné a *droit gratuitement* aux conseils de la Rédaction et de l'Administration,
laquelle se charge également de la Direction de ses affaires.

POUR LES CONSEILS GRATUITS, S'ADRESSER DE 2 A 4 H., A L'ADMINISTRATION
**31, boulevard Ornano, 31**

Pontoise. — Imprimerie Putel et Désableau, rue Basse, 61 et 63.

# TRAITÉ USUEL

## A L'USAGE DE TOUS

POUR LA VULGARISATION DES LOIS ET L'ENSEIGNEMENT PRATIQUE DES AFFAIRES

Accompagné d'un formulaire raisonné et analytique des Actes
Pétitions, Réclamations, etc.

### Par G. DELAHAYE, jurisconsulte

PUBLIÉ PAR LIVRAISONS

---

**Deux livraisons par mois, formant pour le Traité usuel un volume
par an de plus de 400 pages, grand in-8° Jésus.**

---

LE FORMULAIRE SE PUBLIE SÉPARÉMENT PAR LIVRAISONS MENSUELLES

---

## PRIX :

Le TRAITÉ USUEL, la livraison **40** centimes

L'ABONNEMENT : Trois mois, **2** fr. Six mois, **3** fr. **50**. Un an, **6** fr.

---

L'Abonnement de Trois Mois se paie en souscrivant. — L'Abonnement de
Six mois, **1** fr. **75**, en souscrivant. — L'Abonnement d'un An, par Trimestre,
soit **1** fr. **50**.

---

L'Abonné d'un An a droit, moyennant un supplément de **2** fr., aux livraisons
du formulaire.

---

## PRIX DU FORMULAIRE SEUL :

LA LIVRAISON, 75 cent. — L'OUVRAGE ENTIER, 6 fr.

---

## AVANTAGES ATTACHÉS A L'ABONNEMENT

L'Abonné a *droit gratuitement* aux conseils de la Rédaction et de l'Administration,
laquelle se charge également de la Direction de ses affaires.

---

POUR LES CONSEILS GRATUITS, S'ADRESSER DE 2 A 4 H., A L'ADMINISTRATION
**31, boulevard Ornano, 31**

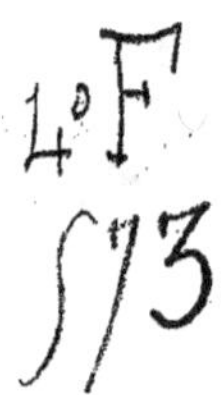

# INTRODUCTION

Le *Traité usuel* que nous publions — par livraisons, afin que chacun puisse se le procurer — a pour but d'initier nos lecteurs à la triture des affaires.

Les explications qu'il contient sont appuyées d'exemples puisés dans la jurisprudence des cours et tribunaux et sont la conséquence d'une longue pratique.

Elles sont dégagées de phrases et de citations inutiles qui nuiraient, certes, à leur saine interprétation, et pour être à la portée de tous, nos explications doivent être claires et concises.

Pour vulgariser les lois, il est indispensable de les expliquer dans un langage familier — c'est ainsi que cet axiome : *Que nul n'est censé ignorer la loi*, cessera d'être une fiction et deviendra — dans l'avenir — une réalité.

. Nos abonnés pourront — nous l'espérons — en consacrant une heure par semaine à la lecture de nos livraisons, diriger eux-mêmes leurs affaires et pourront se dispenser du concours de tiers pour sauvegarder leurs intérêts, revendiquer leurs droits en apprenant à respecter ceux de leurs concitoyens : Rien ne facilite plus l'exécution de ses obligations que la connaissance de leur étendue, aussi, nos causeries familières n'ont-elles d'autre principe que celui-ci :

Il n'y a pas de civilisation ni de société possibles, sans la stricte exécution des lois — devoir absolu pour tous — et sans le respect dû à l'autorité de la chose jugée — obligation qui s'impose à chacun. Se soustraire *à ces impérieuses obligations* serait s'exposer aux graves conséquences que leur inexécution entraînerait. La justice ne perd jamais ses droits, elle les revendique avec autant d'énergie qu'elle apporte de patience à les faire consacrer, et si l'homme n'était pas honnête par nature, par tempérament et par devoir, il devrait l'être par intelligence et dans son intérêt. En effet : l'expérience ne prouve-t-elle pas qu'il faut dépenser plus de temps, plus d'intelligence et se créer plus de difficultés pour fuir ses engagements et se soustraire à ses obligations qu'il n'en faudrait pour les exécuter et rester honnête.

Dans nos entretiens familiers nous ne cesserons de recommander à nos lecteurs l'application de cette vieille, sage et salutaire maxime :

*Que le plus mauvais des arrangements vaut mieux que le meilleur des procès*, et, nous servant d'un figuré, vulgaire, mais exact, nous dirons à nos lecteurs qu'on ne sait jamais ce qui doit sortir de la bouche du juge ; aussi, leur répèterons-nous toujours :

Transigez — transigez quand même. Et.... au diable les procès !..... car :

> La Jurisprudence varie
> Bien fol est celui qui s'y fie.

Pour éviter les procès, il faut les prévenir, et pour cela il est indispensable de rédiger, d'une façon claire, précise et surtout *concise*, les conventions que chaque jour on est appelé à faire, et dans lesquelles la commune intention des parties doit être définie assez explicitement pour empêcher qu'elles soient dénaturées par une fausse interprétation. Pour faciliter la rédaction des conventions qui interviennent quotidiennement, nous avons pensé qu'il était nécessaire de compléter nos enseignements par la publication d'un formulaire complet, raisonné et analytique des actes de toute nature, pour lesquels le concours d'un officier ministériel n'est pas indispensable.

Il nous a paru nécessaire, sinon indispensable, pour entrer en matière, d'expliquer l'économie de notre organisation judiciaire.

En effet, avant d'indiquer celle des juridictions devant laquelle doit être portée une question quelconque, n'est-il pas indispensable de connaître les attributions de chacune de ces juridictions ?

## DE L'ORGANISATION JUDICIAIRE EN FRANCE

Notre organisation judiciaire se compose :

1o D'une Cour de cassation,

2o De 26 Cours d'appel,

3o De 359 Tribunaux de première instance,

4o De 214 Tribunaux consulaires ou Tribunaux de commerce, dont les membres sont nommés à l'élection par les commerçants électeurs.

Dans les chefs-lieux d'arrondissement où il n'existe pas de Tribunaux consulaires, ce sont les Tribunaux civils de première instance qui statuent sur les différends commerciaux entre commerçants ; ils jugent alors commercialement.

5o De 2,860 justices de paix,

6o Et de 115 conseils de prud'hommes appelés à concilier, et, à défaut de conciliation, à juger les différends entre patrons et ouvriers.

Les contraventions, les délits et les crimes sont déférés à la justice répressive.

Les contraventions sont soumises au Tribunal de simple police, présidé par le juge de paix du canton. Les fonctions du ministère public sont dévolues au commissaire de police, ou, à son défaut, au maire ou adjoint. A Paris et dans les villes divisées en arrondissements, le Tribunal de simple police est présidé tour à tour par l'un des juges de paix de chaque arrondissement.

Les délits sont jugés par les Tribunaux de première instance, institués dans chaque arrondissement, et qui jugent alors correctionnellement.

Les appels des jugements rendus par les Tribunaux jugeant correctionnellement sont portés devant la Cour d'appel dans le ressort de laquelle se trouve le Tribunal qui a rendu le jugement.

En matière de crime, la connaissance en est soumise aux Cours d'assises, après décision de la Chambre des mises en accusation. Cette chambre, composée de juges spéciaux, décide, si de l'instruction, confiée à un juge, il résulte qu'il y a présomption de crime; en ce cas, elle défère l'accusé à la Cour d'assises. Si au contraire, elle ne voit dans les charges relevées contre l'accusé que l'existence d'un délit, elle le renvoie devant la police correctionnelle; enfin, si elle ne trouve pas de charges suffisantes, elle décide qu'il n'y a pas lieu de suivre.

Faisons observer ici que lorsque la question de culpabilité est portée devant la Chambre des mises en accusation, il est bien rare qu'elle décide qu'il n'y a pas de charges suffisantes, pour renvoyer l'affaire devant l'une des juridictions répressives compétentes. Cela s'explique : s'il n'eût pas trouvé de charges suffisamment indiquées, le juge d'instruction eût rendu une ordonnance de non lieu, et le procureur de la République n'eût pas requis la mise en accusation.

Une Cour d'assises siége, par sessions, dans chaque chef-lieu de département; elle est composée de deux éléments distincts :

D'une part, la Cour composée d'un président, qui dirige les débats, et qui est pris parmi les conseillers de la Cour d'appel dans le ressort de laquelle se trouve le chef-lieu du département, et de deux assesseurs qui sont, soit deux autres conseillers de la même Cour d'appel, soit deux juges du Tribunal où siége la Cour d'assises. La cour, après le verdict du jury, dont il va être parlé, fait l'application de la loi et prononce l'arrêt. La vindicte publique a pour organe le ministère public représenté soit par le procureur général ou l'un des substituts à la cour, soit par le procureur de la République, ou son substitut, si la ville où se tiennent les assises n'est pas le siége d'une Cour d'appel; ce magistrat, dans le cours des débats, porte la parole dans l'intérêt de la loi.

Et, d'autre part, le jury, soit la réunion de douze jurés ou citoyens désignés par un tirage au sort sur une liste spéciale.

composée de certains électeurs du département où siége la Cour d'assises (car il est bon de dire ici que, dans notre système de suffrage universel, tout électeur n'est pas juré). Ce jury suit les débats, et, lorsqu'ils sont clos, se retire isolément dans un local attenant à la salle d'audience, et là, avant d'avoir aucune communication avec l'extérieur, se prononce sur la culpabilité ou non culpabilité de l'accusé, s'il y a, suivant lui, culpabilité, il indique en outre s'il y a des circonstances atténuantes. Ses décisions sont rendues à la majorité.

Voici la façon dont le jury procède après sa délibération.

Il rentre en la salle d'audience où la Cour et le public attendent sa réponse, alors le chef du jury ou président élu dans son sein, chargé de faire connaître le verdict, debout, et la main sur le cœur, s'exprime ainsi :

« En mon âme et conscience, devant Dieu et devant les hommes,
« la réponse du jury est : *Oui*, à la majorité, l'acusé est coupable,
« — ou bien : *Non*, à la majorité, l'accusé n'est pas coupable. »

S'il y a plusieurs questions, la réponse du jury doit être faite sur chaque question.

Si le jury est muet sur les circonstances atténuantes, c'est qu'il n'en admet pas.

S'il en admet, le chef du jury ajoute, à la suite de la déclaration de culpabilité : « Il existe, en faveur de l'accusé, des circonstances atténuantes. »

Après la déclaration du jury, si elle est affirmative, le ministère public requiert l'application de la loi. La Cour se retire pour en délibérer, et après en avoir délibéré, prononce en audience publique, en présence de l'accusé, l'arrêt qui détermine la peine.

En cas de réponse négative sur toutes les questions, la Cour prononce l'acquittement et ordonne la mise en liberté immédiate de l'accusé, s'il n'est retenu pour autre cause.

L'accusé a trois jours francs pour se pourvoir contre l'arrêt qui le condamne. Ce pourvoi est porté devant la Cour de cassation, qui examine si toutes les formalités prescrites par la loi dans l'intérêt du condamné ont été observées ou non ; dans le premier cas, elle rejette purement et simplement le pourvoi ; dans le second cas, elle casse l'arrêt et renvoie l'affaire devant une autre Cour d'assises qui procède à nouveau.

En cas d'acquittement, il ne peut y avoir de pourvoi de la part du ministère public ; le jury ayant déclaré l'accusé non coupable, peu importe alors que les formalités qui devaient le protéger aient été ou non remplies.

7° Enfin, pour les questions administratives, il existe : *Le Conseil d'Etat, les Conseils de préfecture*, puis enfin *un Tribunal des conflits,* dont nous indiquerons les hautes fonctions.

L'organisation judiciaire des colonies se compose :

Pour l'"Algérie, d'une Cour d'appel dont le siége est à Alger, de 9 Tribunaux de première instance, plus 3 Tribunaux consulaires siégeant à Alger, Oran et Constantine, et 45 justices de paix.

Les autres colonies comportent ensemble, 6 Cours d'appel, 15 Tribunaux de première instance et 32 justices de paix.

Nous traiterons ultérieurement, avec détails, des attributions particulières de chacun des *Tribunaux, Cours* et *juridictions* que nous venons d'énumérer, et la façon pratique de procéder devant eux ; mais auparavant, permettez-nous, chers lecteurs, pour vous faire apprécier l'importance de la matière justifiable, de mettre sous vos yeux, le nombre des jugements et arrêts rendus dans une seule année.

Prenons pour exemple, entr'autres, l'année 1876.

Dans cette année :

Les pourvois déposés à la Cour de cassation ont été de 705, dirigés contre 432 arrêts de Cour d'appel, 132 jugements des Tribunaux civils, 49 jugements des Tribunaux consulaires, 45 jugements des Tribunaux de paix, 27 décisions de jury spéciaux d'expropriation forcée pour cause d'utilité publique, 1 décision du conseil de prud'hommes et 1 décision de chambre de notaire.

La chambre des requêtes — dont nous expliquerons les attributions — a eu à connaître de 630 des 705 pourvois ci-dessus, les 75 autres ayant été portés directement devant la Chambre civile, par application des lois du 3 août 1844 et du 30 novembre 1875 — que nous expliquerons ultérieurement, en même temps que nous indiquerons les attributions de la chambre des requêtes, celles de la chambre civile et celles des chambres réunies.

Les Cours d'appel ont été saisies de 9,868 appels, qui ont reçu des décisions différentes.

Ainsi, sur 100 appels en matière civile, 68 jugements ont été confirmés et 32 infirmés. En matière commerciale, l'infirmation des décisions consulaires a été de 30 — et la confirmation des jugements de 70. — Ces résultats démontrent que les législateurs ont eu raison d'instituer ces Tribunaux spéciaux, appelés à juger les questions qui naissent des transactions commerciales et industrielles.

Nous indiquerons, dans une de nos causeries, les garanties demandées aux commerçants qui sont appelés, en leur qualité de juges, à décider des questions soumises à leur juridiction, en même temps que nous traiterons de la compétence des Tribunaux de commerce.

En matière civile, il n'a pas été inscrit au rôle des audiences moins de 119,767 affaires, et cependant ce chiffre présente une diminution sur les années précédentes, car, en 1872, il était de 131,542.

En dehors des affaires inscrites au rôle, les magistrats sont appelés à rendre des décisions sur des requêtes présentées, sur rapports faits ; leur nombre n'a pas été moindre de 52,205.

En outre des décisions rendues par les Tribunaux civils de première instance, il est rendu chaque année, par le président de ces Tribunaux, ou par les juges remplissant ces fonctions, un nombre considérable d'ordonnances, les unes sur requête, — nous expliquerons ce qu'on entend par ordonnance sur requête et dans quels cas ces requêtes doivent être présentées, — les autres par référé, — nous expliquerons également ce qu'il faut entendre par ordonnance de référé et le mode de procéder, pour les solliciter.

Il a été rendu 254,013 ordonnances, les unes sur requêtes présentées, les autres en référé, introduites sur procès verbaux et sur assignation.

Il nous paraît utile d'insister sur les demandes en séparation de corps, portées devant les tribunaux. Cette statistique est faite pour inspirer nos législateurs sur les questions difficiles à résoudre, du maintien ou de la réforme de la législation actuelle, notamment sur l'opportunité du rétablissement du divorce.

Pendant l'année 1876, il n'a pas été formé moins de 3,251 demandes en séparation de corps, dont 14 pour cent seulement par les maris, 86 pour cent par les femmes.

Le sujet est assez intéressant pour nous permettre d'entrer dans quelques détails, qui, du reste, ne sont pas en dehors de nos conversations familières.

Sur les 3,251 demandes en séparation de corps, 1,245 (soit 38 pour cent), étaient formés par des époux appartenant à la classe ouvrière. Avant la loi de 1851, sur l'assistance judiciaire, cette catégorie ne formait pas le quart du nombre total, ce qui prouve que faute d'argent, il était difficile, avant la promulgation de cette loi, de saisir les Tribunaux pour faire cesser des souffrances que le manque de ressources obligeait à subir.

576 demandes en séparation de corps étaient formées par des conjoints vivants de leurs biens ou exerçaient des professions libérales...

L'argent seul ne fait pas le bonheur !...

528 demandes étaient formées par des conjoints commerçants. La non réussite dans les opérations commerciales aigrit les époux qui rejettent l'un sur l'autre la responsabilité...

Faute de foin dans le ratelier les chevaux se battent...

441 des demandes ont été formées par des époux dont le travail des champs est le labeur, et enfin 461 instances ont été introduites par des conjoints dont la profession n'a pas été reconnue.

Comme renseignement, et aussi comme enseignement, nous indiquerons après combien de temps de mariage ces demandes ont été formées.

17 des époux avaient, avant l'expiration de l'année de leur mariage, saisi les tribunaux d'une demande en séparation de corps. Quel enseignement !...

684 avaient prolongé la vie commune d'un an à cinq ans. Quelle patience !...

929 n'avaient saisi la justice de leurs griefs qu'après avoir vécu de 5 à 10 ans ensemble sans se plaindre, au moins judiciairement.

1,070 conjoints, plus patients peut-être, ou dont les causes de séparation se sont produites plus tardivement, n'ont porté leur demande en séparation de leur union qu'après une période de 10 à 20 ans.

452 conjoints, qui étaient restés dans les liens du mariage depuis plus de 20 ans, ont demandé à la justice de relâcher ces liens par une séparation de corps, soit que la vie commune eût déjà cessé de fait, soit qu'elle fût devenue impossible.

Dans 38 cas sur 100, l'union avait été stérile !

Indiquons les causes principales des demandes en séparation de corps. Les demandes principales ou reconventionnelles (celles-ci au nombre de 202), — nous indiquerons ultérieurement la différence qu'il y a entre une demande principale et une demande reconventionnellle, — presque toujours fondées sur des excès ou injures graves (3,093 sur 3,453), l'adultère de la femme a servi de base à l'action dans 211 affaires. Grand est le nombre des maris qui ignorent ce délit; aussi grand peut être ceux qui ne saisissent pas la justice de leurs infortunes en pareil cas, et celui du mari dans 106 cas, nombre bien inférieur aux infidélités du mari, et — comme on le dit vulgairement — des coups de canif donnés dans le contrat — cela s'explique. — A bon entendeur salut!...

L'adultère du mari ne peut donner lieu à la séparation de corps, qu'autant qu'il a entretenu une concubine dans le domicile conjugal.

43 séparations de corps ont été prononcées par suite de la condamnation de l'un des conjoints à une peine infamante.

Par suite de ces demandes, il a été rayé du rôle des audiences, sans jugement, 449 affaires, dont 250 retirées par suite de la réconciliation des époux. Les Tribunaux ont prononcé la séparation dans 2,534 affaires et l'ont refusée dans 268.

Nous indiquerons, dans nos causeries, les conséquencs du rejet de la demande et celles qui découlent de son admission.

Plus de la moitié des affaires jugées venaient des bureaux de l'assistance judiciaire (1,423), qui avaient fait droit à 1,266 demandes pour intenter l'action en séparation de corps à 52 pour y défendre. Dans les 105 autres affaires l'assistance avait été accordée aux deux parties.

Nous expliquerons les formalités à remplir pour avoir l'assistance judiciaire et les cas dans lesquels elle peut être accordée.

En matière commerciale, le nombre des affaires contentieuses soumises aux Tribunaux consulaires et aux Tribunaux civils jugeant commercialement, n'a pas été moindre de 200,999 procès entamés pendant cette année; — à ce chiffre il convient d'ajouter 13,376 affaires qui attendaient jugement le 1er janvier 1876, et celles qui ont été réinscrites (5,130), ce qui porte à un total de 219,505 affaires portées; 191,285 (87 0/0) devant les Tribunaux de commerce spéciaux et 28,220 (13 0/0) devant les tribunaux civils jugeant commercialement.

Il est utile de savoir comment se sont terminées les nombreuses affaires soumises à la décision des Tribunaux de commerce.

Il en a été terminé 205,704, savoir : 52,412 (un quart) par jugement contradictoire ; 86,010 (42 0/0) par jugement par défaut, et 67,282 (un tiers) par radiation après désistement ou transaction.

Pour ce qui concerne les faillites, le chiffre de celles ouvertes en 1876 est le plus faible de la période quinquennale — cependant il est encore de 5,193 !...

Un peu plus de la moitié des faillites nouvelles de 1876 (2,640 ou 54 0/0) ont été déclarées sur la poursuite des créanciers ; 2,204 (42 0/0) l'ont été sur le dépôt du bilan effectué par le débiteur; et les Tribunaux en ont prononcé d'office 349 (7 0/0).

Il est important de connaître à quels commerces et à quelle industrie appartenaient ces 5,193 faillis — c'est ce qu'indique le tableau suivant :

| | |
|---|---:|
| Industrie textile | 272 |
| — du bois | 210 |
| — des métaux | 283 |
| — de cuir | 249 |
| — de produits chimiques | 62 |
| — de céramique | 45 |
| — de bâtiment | 237 |
| — de luxe | 332 |
| Alimentation | 1471 |

L'alimentation comprend des catégories différentes :

| | |
|---|---:|
| Habillement et toilette | 950 |
| Ameublement | 104 |
| Banquiers et agents d'affaires | 425 |
| Transports | 196 |
| Aubergistes-logeurs, etc. | 349 |
| Autres genres d'industrie et de commerce | 340 |

Avec 7,104 faillites qui étaient en cours de liquidation au 1er janvier 1876, les 5,193 faillites ouvertes pendant l'année forment un total de 12,294 procédures à régler.

Sur ce chiffre, 5,784, près de la moitié, ont été closes de la manière suivante, savoir : 794 (14 0/0) par concordat ; 257 (4 0/0) par la liquidation de l'actif abandonné ; 2,396 (44 0/0) par celle de l'union des créanciers ; 2,198 (37 0/0) faute d'actif, et 209 (4 0/0) dont le jugement déclaratif a été rapporté.

Il restait encore au 31 décembre 1876, 6,510 faillites à terminer, c'est-à-dire 53 0/0.

Nous reviendrons, dans nos causeries ultérieures, sur ce chapitre des faillites, — de façon à faire comprendre à nos lecteurs les différentes questions qui se présentent en cette matière — et surtout en indiquant la manière de procéder, tant pour les créanciers que pour le failli. Indiquons — en passant — les dividendes réels produits par la liquidation des faillites qui n'ont pas été closes pour insuffisance d'actif.

Pour 1,069 faillites, le dividende a été de moins de 10 0/0 ; de 10 à 25 0/0 dans 1,154 faillites ; de 26 à 50 0/0 dans 652 ; de 51 à 75 0/0 dans 112 ; de 76 à 99 0/0 dans 22. Les créanciers de 116 faillites ont été intégralement désintéressés ; au contraire, ceux de 322 n'ont rien reçu, l'actif ayant été absorbé par les frais des premières opérations.

N'oubliez pas, chers lecteurs, qu'en dehors des faillites qui ont produit les résultats que nous venons d'indiquer, 2,188 (soit 37 0/0) ont été clôturées faute de ressources pour les mener à fin, c'est-à-dire pour insuffisance d'actif.

Quel enseignement !

En dehors des 5,084 actes des sociétés constituées par acte devant notaire, il s'est formé pendant l'année 1876, 4,022 sociétés commerciales, savoir 3,442 en nom collectif, 322 en commandite, 230 anonymes, et 10 a capital variable ; les dissolutions de société, ont été de 2,278.

Nous aurons à vous entretenir de toutes les questions pratiques qui touchent aux sociétés — elles sont nombreuses — car il faudra causer de leur formation, des formalités à remplir pour leur constitution, leur administration, leur dissolution, leur liquidation et les responsabilités envers les tiers, celles des associés entr'eux ; enfin des obligations des actionnaires, et des commanditaires.

Les questions multiples que comportent les sociétés en participation, celles qui existent de fait, devront attirer notre attention de façon à en indiquer la solution pratique.

Pour vous donner une idée, chers lecteurs, des contestations, des différends qui existent entre particuliers, en dehors des questions qui surgissent du commerce et de l'industrie, et aussi de celles en matière civile qui dépassent la compétence des Tribunaux de paix, il est intéressant de vous faire connaitre le chiffre des avertissements délivrés par les juges de paix, pour appeler les parties en conciliation en dehors de l'audience, les juges de paix ont délivré 2,015,237 avertissements. Les défendeurs auxquels ces billets étaient adressés étaient intéressés dans 1,973,933 contestations, mais comme ils n'avaient pas répondu dans 801,831 cas, un peu plus de deux cinquièmes, les magistrats n'ont réellement entendu les parties que dans 1,172,124 affaires.

Et voyez l'intérêt qu'il y a à se rendre à ces invitations : 67 fois sur cent les parties ont été conciliées — autant de procès évités.

En dehors des avertissements pour les contestations qui sont de la compétence des juges de paix, les demandeurs sont obligés, dans les cas prescrits par les art. 48 et suivants du code de procédure civile (que nous expliquerons ultérieurement), d'appeler les défendeurs en conciliation, à l'audience publique du juge de paix, à moins qu'ils en aient été dispensés par une ordonnance de M. le président du tribunal civil, rendue à la suite d'une requête qui lui est présentée par l'avoué du demandeur; ce magistrat, par son ordonnance, autorise celui-ci à assigner celui-là a bref délai, et le dispense de tenter le préliminaire de la conciliation.

Le nombre des ordonnances rendues par Messieurs les présidents ou les juges les suppléant, a été, en 1876, de 25,867 — autant d'affaires pour lesquelles la concilliation si désirable n'a pas été tentée. En revanche, 52,193 demandes ont été appelées devant MM. les juges de paix en audience publique, pour tenter cette salutaire solution de la conciliation.

Le défendeur n'a pas tenu compte de la citation dans 11,652, soit 22 0/0; quelle négligence ou quelle mauvaise inspiration ! Au contraire, dans 34,861 affaires, le défendeur a comparu personnellement et s'est fait représenter dans 5,680 affaires par un mandataire. Les efforts conciliateurs des magistrats ont abouti deux fois sur cinq (16,039 ou 40 0/0).

C'est déjà un résultat qui prouve en faveur de cette disposition de la loi, en même temps de la bonne intervention des juges de paix et de la sagesse des plaideurs : sagesse qui tend à s'augmenter chaque jour davantage.

Les affaires de la compétence des juges de paix, portées à leur audience, publique ont été, en 1876, de 338,895, sur lesquelles 8,381 sont restées, à la fin de l'exercice, sans solution. Les 330,514 qui ont disparu du rôle avaient été : 110,905 (34 0/0) jugées contradictoirement; 77,714 (23 0/0) jugées par défaut; 94,949 (29 0/0) arrangées en présence des magistrats, et 46,946 (14 0/0) abandonnées.

MM. les juges de paix ont en outre des attributions extra-judiciaires : Ils sont chargés de la présidence des conseils de famille; c'est ainsi que dans l'année 1876, ils ont présidé 73,929 délibérations; délivré 8,525 actes de notoriété. — Nous expliquerons dans quels cas les actes de notoriété doivent être délivrés par les juges de paix; — reçu 4,738 déclarations d'émancipation et procédé à 15,950 appositions de scellés.

On peut se convaincre, par les chiffres qui précèdent, que les fonctions de juge de paix ne sont pas une sinécure.

## DES ACTES NOTARIÉS

Pour en finir en une seule fois de la statistique des affaires en France, matière aussi aride qu'intéressante, nous terminerons par un tableau des actes notariés passés en cette même année 1876.

9,191 notaires en exercice n'ont pas passé moins de 3,325,080 actes, soit en moyenne 362 par notaire, et qui se divisent ainsi :

| | |
|---|---:|
| Ventes volontaires d'immeubles | 542.520 |
| Quittances et décharges | 522.459 |
| Obligations et transports | 313.101 |
| Procurations | 301.517 |
| Baux | 134.948 |
| Testaments | 130.704 |
| Contrats de mariage adoptant le régime de la communauté | 97.424 |
| Contrats de mariage adoptant le régime dotal | 27.996 |
| Donations | 123.945 |
| Actes de mainlevée | 101.793 |
| Liquidations et partages | 93.130 |
| Inventaires | 90.303 |
| Actes de notoriété | 77.303 |
| Ventes mobilières | 75.665 |

Adjudications volontaires d'immeubles....    50.336
Ventes judiciaires d'immeubles ..........    14.032
Actes de Société.......................     5.081

Et combien aussi est important le nombre des actes sous signatures privées qui ne sont connus que des parties intéressées et qui ne sont pas, pour la plupart, même soumis à la formalité de l'enregistrement, tels que quittances et décharges, taux, ventes mobilières et de fonds de commerce, actes de société, etc., pour lesquels le concours d'un notaire n'est pas essentiel.

Nous aurons soin, dans le développement de notre œuvre, de distinguer celles des conventions qui doivent nécessairement être consacrées par des actes notariés de celles qui peuvent faire l'objet d'actes sous seings privés.

Pour aujourd'hui, nous allons clore, en appelant l'attention de nos lecteurs sur l'enseignement qui ressort de la statistique judiciaire qui précède, et nous leur disons avec conviction : Que de temps et d'argent mal employés, sans compter les soucis, pour soutenir un procès ! Combien il serait préférable, au lieu de se faire plus ou moins arbitrairement juger par les tribunaux, de s'entendre, de traiter et de s'arranger par une sage *transaction*, après laquelle on pourrait, sinon se serrer la main, du moins ne pas devenir ennemis.

Nous comptons, dans notre deuxième causerie, qui paraîtra vers le quinze janvier prochain, traiter entre autres choses : de l'institution, la compétence et les attributions des conseils de prud'hommes,

De la compétence des juges de paix,

Et de la manière de procéder devant ces tribunaux de famille.


Ainsi donc, chers lecteurs, à quinzaine.

Paris, le 31 décembre 1878.

G. DELAHAYE.

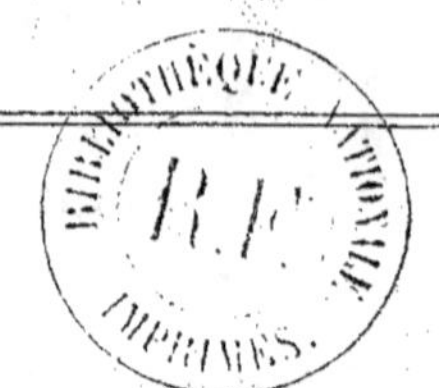

# CONSEILS DES PRUD'HOMMES

## SOMMAIRE

*De l'Institution des Prud'hommes. — De l'Établissement des Conseils de Prud'hommes. — Des Conditions requises pour être élu Prud'homme et du Mode d'Élection. — Des Conditions requises pour être Électeur. — De la Division des Conseils. — Attributions et Compétence. — Dessin de fabrique. — Marque de fabrique.*

## § 1er

## DE L'INSTITUTION DES CONSEILS DE PRUD'HOMMES

Les conseils de prud'hommes ont été institués par une loi qui porte la date du 18 mars 1806.

La mission que leur confia cette loi est définie de la manière suivante :

« Les conseils de prud'hommes, dispose l'article 6, *sont institués* « *pour terminer, par la voie de conciliation, les petites difficultés* « *qui s'élèvent journellement, soit entre des fabricants et des* « *ouvriers, soit entre des chefs d'atelier et des compagnons ou* « *apprentis.* »

Plus tard, la juridiction des conseils de prud'hommes fut étendue par deux décrets ayant force de loi.

Le premier de ces décrets, rendu le 11 juin 1809, fut rectifié par un avis du conseil d'Etat du 20 février 1810 ; le second est du 3 août de la même année.

La loi de 1806, les décrets du 11 juin 1809, et du 3 août 1810, restèrent en vigueur jusqu'au 3 juin 1846, époque à laquelle l'Assemblée nationale réorganisa cette démocratique institution sur des bases nouvelles. De plus récentes modifications, dans un esprit moins large que celui qui avait présidé à l'organisation décrétée par l'Assemblée nationale le 27 mai 1848, furent encore apportées par la loi de juin 1853.

Les conseils de prud'hommes sont aujourd'hui régis par cette dernière loi, et parce qu'elle n'a pas abrogé des lois et décrets qui l'ont précédée.

Le principe qui fait la règle de nos causeries ne nous permet pas de critiquer les lois qui existent.

Nous n'avons, par conséquent, aucune observation à faire sur leur utilité, mais seulement à expliquer les obligations qu'elles imposent et les moyens de les exécuter.

Notre devise est :

> *Respect à la loi*
>
> *Obéissance à ses prescriptions !*.....

Nous allons donc, chers lecteurs, dans cette causerie de famille, vous indiquer ce que prescrivent les lois et décrets en vigueur pour tout ce qui concerne l'institution de cette juridiction de famille, qui est appelée à statuer sur les difficultés qui existent entre patrons, ouvriers, contre-maîtres, compagnons et apprentis ; nous vous démontrerons que cette institution, qui emprunte ses principes à la loi de l'équité, prouve une fois de plus, qu'il n'est pas nécessaire d'avoir fait son droit pour discerner ce qui est équitable de ce qui ne l'est pas, sur ce..... entrons en matière.

§ 2e

## DE L'ÉTABLISSEMENT DES CONSEILS DE PRUD'HOMMES

Un conseil de prud'hommes ne peut être établi dans une ville que sur la demande motivée des chambres de commerce, ou des chambres consultatives de manufacture.

Cette demande, communiquée au préfet du département, dans la circonscription duquel se trouve la ville où doit siéger le conseil de prud'hommes, est transmise par ce fonctionnaire au ministère de l'agriculture et du commerce accompagnée des pièces suivantes :

*(Circulaire ministérielle du 5 juillet 1853.)*

1º D'une délibération du conseil municipal de la ville où doit siéger le conseil de prud'hommes, portant promesse de payer les dépenses ;

2º Un tableau indiquant toutes les industries justifiables du conseil projeté ; la division de ces industries en catégories, le nombre des prud'hommes à élire dans chacune d'elles, et enfin le nombre des patrons et ouvriers, électeurs ou non, que renferme cette catégorie.

Ces pièces, après leur examen, sont soumises au conseil d'Etat qui donne son avis sur l'opportunité de l'institution du conseil. Ensuite intervient le décret qui autorise s'il y a lieu, l'institution d'un ou de plusieurs conseils, suivant les circonstances. Ce décret détermine le nombre des membres qui doivent composer chaque conseil, lequel ne peut être inférieur à 6 et supérieur à 26, non compris le président et le vice-président.

§ 3<sup>e</sup>

## DES CONDITIONS REQUISES POUR ÊTRE ÉLU PRUD'HOMMES ET DU MODE DE L'ÉLECTION

Les membres des conseils de prud'hommes sont choisis parmi les patrons, marchands, fabricants, les chefs d'ateliers, contre-maitres et ouvriers appartenant aux industries dénommées dans les décrets d'institution.

Ils sont nommés à l'élection.

Les patrons, réunis en assemblée particulière, nomment directement les prud'hommes patrons. Les contre-maitres, chefs d'ateliers, ouvriers, également réunis en Assemblée particulière, nomment les prud'hommes ouvriers, en nombre égal à celui des patrons.

Au premier tour de scrutin, la majorité absolue des suffrages est nécessaire, la majorité relative suffit au second tour.

Le président et le vice-président de chaque conseil sont nommés par le chef de l'Etat et peuvent être choisis en dehors des éligibles.

Les conseils de prud'hommes sont renouvelés par moitié tous les 3 ans.

Le sort désigne ceux des prud'hommes qui sont remplacés la première fois.

Les secrétaires des mêmes conseils sont nommés par le préfet, sur la proposition du président.

Sont éligibles les électeurs âgés de 30 ans et sachant lire et écrire.

Ne peuvent être élus et ne sont pas électeurs les étrangers et les individus désignés par l'art. 15 de la loi du 2 février 1852, sur les élections, que nous analyserons en temps et lieu, car cette loi se rapporte aux élections en général.

§ 4<sup>e</sup>

## DES CONDITIONS REQUISES POUR ÊTRE ÉLECTEUR

L'électeur, pour la nomination des conseils de prud'hommes, n'est pas tenu, comme l'éligible, de savoir lire et écrire.

Il doit être âgé de 25 ans accomplis. (30 ans sont nécessaires, ainsi que nous l'avons dit, pour être éligible.)

L'ouvrier soumis au livret ne peut être inscrit sur les listes électorales s'il n'est porteur de son livret, alors même qu'il y aurait été porté antérieurement.

Les maires des communes comprises dans la conscription du conseil sont chargés d'inscrire sur un tableau qu'ils adressent au préfet, les noms, domiciles et professions des personnes qui remplissent les conditions nécessaires pour être électeurs. Cette inscription a lieu avec l'assistance de deux électeurs que le maire choisit, l'un parmi les électeurs patrons, l'autre parmi les électeurs ouvriers.

C'est sur ce tableau que le préfet dresse et arrête la liste électorale.

Les réclamations peuvent être soumises au conseil de préfecture, et dans le cas où il s'agirait d'une question d'Etat, au tribunal civil.

La procédure est gratuite !

L'inscription sur le tableau que doivent dresser les maires a lieu d'office, après que les électeurs ont été invités, par voie d'affiches, à se faire inscrire dans le délai prescrit par cette publication.

La convocation des électeurs pour l'élection des prud'hommes est faite par le préfet.

Il convoque séparément les électeurs patrons qui nomment les prud'hommes patrons.

Les électeurs ouvriers sont également convoqués séparément à l'effet d'élire les prud'hommes ouvriers. Les jour, lieu et heure de chaque réunion sont indiqués par des affiches contenant les arrêtés de convocation, indépendants d'une lettre d'avis adressée à chacun des électeurs.

Le préfet délègue pour présider les assemblées électorales, le maire ou l'adjoint de la commune où doivent siéger les conseils de prud'hommes. A ces deux magistrats sont adjoints deux scrutateurs et un secrétaire désignés également par le préfet, et, à son défaut, par le président de l'assemblée. Il est dressé procès-verbal des opérations électorales, lequel doit être déposé à la mairie et reste à la disposition des intéressés.

Si aucune protestation n'est produite contre les opérations électorales, le président de chaque assemblée proclame prud'hommes ceux qui ont obtenu le plus de suffrages ; en cas d'égalité de suffrages, le plus âgé est préféré. En cas de contestation, le procès-verbal, avec les pièces à l'appui, est envoyé au préfet, qui doit le transmettre au conseil de préfecture, lequel est tenu de statuer dans les huit jours.

## § 5e

## DE LA DIVISION DES CONSEILS DE PRUD'HOMMES

Les conseils de prud'hommes sont divisés en deux bureaux, appelés, l'un bureau particulier ou de conciliation, l'autre bureau général ou de jugement.

L'audience de conciliation est tenue par deux membres, l'un patron, l'autre ouvrier (la condition de la patente n'est pas exigée), et sous la présidence du président ou du vice-président, lesquels, comme on le sait, sont nommés par le chef de l'Etat.

Une audience au moins par semaine doit être consacrée aux conciliations.

Faute par le bureau particulier d'avoir pu concilier les parties, il les renvoie devant le bureau de jugement chargé de décider.

Le bureau général ou de jugement est composé, indépendamment du président ou du vice-président, d'un nombre égal de prud'hommes patrons et de prud'hommes ouvriers ; ce nombre est au moins de deux prud'hommes patrons et de deux prud'hommes ouvriers.

Le vice-président peut siéger au bureau général en même temps que le président, lorsqu'il est prud'homme élu, mais il siége alors, soit comme patron, soit comme ouvrier, suivant qu'il a été élu en l'une ou l'autre de ces qualités.

Aux termes du décret du 27 mai 1848, le conseil doit se réunir au moins deux fois par mois pour juger les contestations qui n'auraient pas été terminées par la voie de la transaction.

Cette disposition n'ayant pas été abrogée par la loi du 4 juin 1853, elle reste en vigueur, encore bien que l'article 23 du décret de 1819 prescrivait la réunion du bureau une fois par semaine, au moins.

Disons que les conseils de prud'hommes, comprenant leur mandat, se réunissent en bureau général aussi souvent que les affaires le commandent, c'est-à-dire plusieurs fois par semaine, à des jours déterminés.

Un secrétaire, nommé et révoqué par le préfet sur la proposition du président, est attaché au bureau général ; les conditions d'âge et d'aptitude sont soumises à l'appréciation de l'administration.

Les secrétaires sont salariés et il leur est en outre alloué des droits éventuels que nous indiquerons.

## § 6e

## DES ATTRIBUTIONS ET DE LA COMPÉTENCE
## DES CONSEILS DE PRUD'HOMMES

Les conseils de prud'hommes, d'abord institués par la loi de 1806 pour terminer par voie de transaction les petits différents qui peuvent naître entre les marchands, fabricants, contre-maîtres, chefs d'ateliers ou apprentis, ont vu, par les lois de 1809-1810, les décrets de 1848, agrandir leur mission. Ils ont été, par ces lois, chargés de décider sur les questions qui pouvaient diviser les personnes rentrant dans la catégorie de celles désignées ci-dessus.

La loi de 1853 a restreint cette juridiction, toute de famille, en laissant cependant en vigueur, tout ce qu'elle n'abrogeait pas des dispositions des lois précédentes.

La législation actuelle attribue aux conseils de prud'hommes la connaissance — partant la décision — de toutes les difficultés qui naissent entre marchands, fabricants, contre-maîtres, chefs d'atelier, ouvriers compagnons ou apprentis, à l'occasion de leurs salaires et de leurs travaux, sans avoir égard à l'importance des sommes qui en font l'objet.

Cette juridiction en vaut bien une autre, puisqu'elle est basée sur l'équité d'une part ; de l'autre sur le respect des conventions qui s'impose aussi bien au patron qu'à l'ouvrier.

Si les conseils de prud'hommes peuvent juger les questions de leur compétence, n'importe à quelle somme elles puissent s'élever, la loi a cependant réservé à la partie qui se croirait lésée le droit de soumettre à un deuxième degré de juridiction l'appréciation de la décision qui ne leur donne pas la satisfaction qu'elle espérait, lorsque la demande est supérieure à 200 francs. Dans ce cas l'appel est soumis au tribunal de commerce de l'arrondissement où se trouve le conseil de prud'hommes qui a rendu la décision ; au dessous de 200 francs le jugement est définitif et il n'en peut être appelé.

Lorsque la demande excède cette somme, le jugement de condamnation peut ordonner l'exécution immédiate, à titre de provision, jusqu'à concurrence de cette somme, sans qu'il soit besoin de donner caution ; *pour le surplus*, l'exécution provisoire ne peut être ordonnée qu'à la charge de donner caution.

Les jugements par défaut, doivent être exécutés dans les six mois de leur date, sous peine d'être considérés comme nuls et non avenus.

Les conseils de prud'hommes peuvent être dissous par un décret du chef de l'état, rendu sur la proposition du ministre.

Nous allons, chers lecteurs, pour rendre plus saisissant ce qui précède, citer quelques exemples :

*Landrin*, ouvrier chez *Comté*, lequel est marchand fabricant, réclame à ce dernier, son patron, une somme de 200 francs pour prix de son travail, exécuté à l'occasion de son industrie.

Le conseil de prud'hommes est saisi de la question. Il condamne Comté à payer 200 francs ou moins ; le jugement sera définitif et Comté sera tenu de payer, sinon ses meubles, son matériel seront vendus.

Mais si la demande formée par Landrin contre Comté est supérieure à 200 francs le jugement ne sera qu'en premier ressort et pourra être déféré au tribunal de commerce dans le cas où il serait condamné à payer n'importe quelle somme. Landrin jouit du même privilège, s'il n'est pas content de la décision ; s'il plaît à Comté d'en interjeter appel, le tribunal de commerce statuera à nouveau. Si le conseil de prud'hommes avait ordonné l'exécution provisoire de son jugement, Landrin pourra, malgré l'appel interjeté par Comté, le forcer de payer, provisoirement, jusqu'à concurrence de 200 francs, s'il se refuse au paiement de cette somme il aura le droit de faire vendre ses meubles, sauf, si le tribunal de commerce annulait le jugement des conseils de prud'hommes, à restituer les sommes qu'il aurait reçues et être passible de dommages-intérêts. Mais cette question de dommages-intérêts donnerait lieu à un second procès, lequel ne serait plus de la compétence du conseil de prud'hommes, mais de celle de la justice de paix, s'il s'agissait d'une somme inférieure à 200 francs, et du tribunal civil s'il s'agissait d'une somme supérieure à ce chiffre.

Pour que Landrin puisse exécuter le jugement du conseil de prud'hommes pour une somme supérieure à 200 francs, si le montant de la condamnation dépassait ce chiffre, il faudra, pour l'excédant, qu'il donne une caution qui s'obligera à restituer à Comté l'excédant, dans le cas où Landrin l'aurait reçu.

Autre exemple :

Comté a pour ouvrier Landrin, il lui a confié un travail — à façon, ou à forfait, ou à la journée ; — ce travail est, suivant la prétention du patron, mal exécuté. La question qui surgit, soit à l'occasion du travail, soit à l'occasion du prix de la journée, ou de la tâche, ou du forfait, devra être portée devant le conseil des prud'hommes, s'il en existe un dans la circonscription, lequel jugera sans appel s'il ne s'agit pas d'une somme supérieure à 200 francs, et à la charge d'appel si la somme réclamée pour les malfaçons, dommage ou autre cause, dépasse 200 francs.

Autre exemple encore :

Comté, patron de Landrin, lui prète une somme quelconque, ou lui fournit des marchandises, des aliments, etc. Si ce prêt, ces fournitures sont en dehors des sommes qui sont dues à Landrin, ou à valoir sur celles qui pourraient lui être dues pour un travail commencé ou convenu, le conseil des prud'hommes cesse d'être compétent et la demande devra être portée devant une autre juridiction, que nous indiquerons en temps et lieu, car il ne s'agit plus, en ce cas, d'un différend entre patron et ouvrier, mais d'une question entre particuliers.

Les conseils de prud'hommes ne peuvent être valablement saisis d'une demande en garantie qui ne touche ni l'ouvrier, ni le fabricant, ni le contre-maître à l'occasion du travail, et cette demande doit être portée devant les tribunaux ordinaires.

Pour faciliter l'application de ce principe, citons un exemple :

Pierre, employé à la féculerie de Foulon, marchand fabricant, a pris, vis-à-vis de son patron, l'engagement de fabriquer comme ouvrier une certaine quantité de fécule par jour. Pour l'exécution de son engagement, Foulon a exigé que le père de Pierre, culti-vateur, ou toute autre personne qui n'est ni ouvrier ni patron, donne une caution et paie aux lieu et place de Pierre le dommage que le défaut d'exécution de son engagement pourrait lui causer:

il assigne son ouvrier devant le conseil de prud'hommes, mais il ne pourra assigner son père devant la même juridiction pour le faire condamner à le garantir des engagements pris par Pierre, vis-à-vis de lui ; il devra l'assigner devant une autre juridiction.

Le conseil des prud'hommes doit se déclarer *d'office*, incompétent lorsqu'il s'agit d'une question, qui, par sa nature, n'est pas soumise à sa juridiction, car, dans ce cas, c'est une question d'ordre public qui échappe à sa compétence.

Exemple : M. Butté, marchand de pommes de terre, a fourni à M. Martin, ouvrier chez lui, des pommes de terre pour sa consommation ou même pour les revendre ; il ne peut l'assigner devant le conseil de prud'hommes en paiement, quoique l'un soit patron et l'autre ouvrier. Si Butté saisissait le conseil de prud'hommes de la question, le conseil devrait, d'office, se déclarer incompétent parce que cette compétence est d'ordre public, puisqu'on ne peut distraire personne de ses juges naturels, et le patron qui, dans l'espèce, n'agit pas comme patron justiciable des conseils de prud'hommes, mais comme vendeur, ne pourra assigner son ouvrier, qui a agi comme acquéreur, en paiement devant cette juridiction. S'il le faisait, le conseil devrait se déclarer, d'office, incompétent et renvoyer Butté à se pourvoir devant les juges compétents. C'est ce qu'on appelle l'incompétence d'ordre public.

Mais si l'affaire, bien que se rattachant au travail de la fabrique n'est pas de la compétence du conseil, soit à raison de ce que l'industrie qui a donné naissance au débat n'est pas comprise dans le décret d'institution du conseil, soit parce que la fabrique est située en dehors des limites territoriales de la juridiction du conseil, dans ce cas, le conseil peut juger. En effet, l'incompétence ne touche pas à l'ordre public, mais seulement à l'ordre privé ; elle est couverte par le silence des parties.

Rendons plus sensible cette distinction par un exemple :

M. Pierre, marchand fabricant, occupe M. Thomas, comme ouvrier, dans son usine à Pontoise. Une discussion s'élève entre eux, et pour un motif ou pour un autre, il assigne son ouvrier devant le conseil des prud'hommes de Paris. Tous deux se présentent devant le conseil ; et encore bien que Pontoise ne soit pas de la circonscription du conseil de la Seine, si Thomas ne décline pas l'incompétence de ce conseil, qu'il se défende au contraire, le jugement rendu par ce conseil sera valable, par le motif que s'il y avait eu à Pontoise un conseil de prud'hommes pour l'industrie des deux adversaires, celui-ci était compétent pour décider.

En dehors des attributions que nous venons de spécifier, la loi de 1853 donnait encore à connaître aux conseils de prud'hommes :

1º De la conservation de la propriété des dessins et des marques de fabrique ;

2º Des règlements de compte entre les fabricants et les chefs d'atelier ;

3º De l'inspection et la visite des ateliers ;

4º Enfin, de la constatation des contraventions aux lois et règlements.

$§\ 7^e$

## DE LA PROPRIÉTÉ DES DESSINS DE FABRIQUE

Il est essentiel d'indiquer ce qu'il faut entendre par un dessin de fabrique.

M. Sarrazin dans son Code pratique des prud'hommes, définit ainsi ce qu'il faut entendre par dessin de fabrique : « Il consiste, « dit cet auteur, dans une empreinte particulière sur une étoffe, « au moyen du tissu, de l'impression ou de tout autre procédé. »

Ainsi il ne suffit pas, pour acquérir la propriété d'un dessin de fabrique, de faire soit au crayon, soit à la plume, soit au fusin, le dessin d'un châle, d'un tapis, d'une étoffe quelconque, il faut qu'une empreinte soit faite sur l'étoffe, au moyen d'un tissu, d'une impression ou d'un autre procédé.

Ces conditions remplies, pour conserver la propriété du dessin, il est indispensable, d'opérer le dépôt du dessin au secrétariat du conseil de prud'hommes, de la circonscription de laquelle on dépend et en requérir l'inscription sur un registre spécial. Cette formalité est de toute nécessité. Les secrétaires des conseils, l'accomplissent certainement, mais encore, est-il urgent de veiller à son accomplissement. Le jour et l'heure du dépôt doivent être spécifiés ; en cas de contestation sur la propriété d'un dessin, le conseil est tenu de délivrer un certificat pour constater quel est celui des fabricants, qui, le premier a effectué le dépôt.

Mais, la mission des prud'hommes ne va pas au-delà et c'est le tribunal de commerce qui est juge de la question de propriété.

Citons un exemple pour vulgariser notre application.

M. Comté, auteur d'un dessin de fabrique en opère le dépôt au secrétariat du conseil de prud'hommes, le 1er avril, à 11 heures du matin. Ce dépôt est constaté par l'inscription qui en est faite sur le registre spécial tenu conformément à la loi.

M. Villemain, également auteur d'un dessin identique, en fait le dépôt le même jour, mais après Comté. Le secrétaire devra également enregistrer ce dernier dépôt, sur le registre spécial, et devra constater l'heure à laquelle chacun d'eux a été effectué. Un procès s'engage entre Comté et Villemain sur la question de savoir lequel des deux est réellement propriétaire du dessin.

Ce procès doit être soumis à la juridiction du tribunal de commerce et le conseil de Prud'hommes ne pourra jamais être appelé à statuer sur cette question de propriété, sa mission consistera simplement à constater quel est celui des deux fabricants qui a effectué le dépôt le premier.

Nous indiquerons, lorsque nous traiterons de la compétence des tribunaux, du mode de procéder devant eux, ce qu'il faut faire pour saisir la juridiction qui doit statuer de la question de propriété. Mais nous sommes obligés de suivre une méthode. Or, traitant dans cette causerie, des attributions des conseils de prud'hommes, nous ne pouvons indiquer ici la procédure à suivre devant le tribunal compétent, cela viendra en son temps.

En résumé, pour conserver la propriété d'un dessin de fabrique, il est indispensable d'en opérer le dépôt, soit personnellement, soit par un mandataire spécial, au secrétariat du conseil de prud'hommes : de faire inscrire la date et l'heure de ce dépôt sur le registre spécialement affecté à ces inscriptions.

§ 8e

## DES MARQUES DE FABRIQUE

Afin de conserver à son auteur la propriété des marques de fabrique, la loi de 1853 avait donné aux conseils de prud'hommes l'attribution d'en recevoir le dépôt et de l'inscrire sur le registre spécial qui devait constater la nature de la marque de fabrique, le jour et l'heure auxquels son dépôt a été effectué. La marque de fabrique était assimilée, quant à l'accomplissement de ces formalités, aux dessins de fabrique.

Disons ce qu'il faut entendre par marque de fabrique. M. Sarrazin, dans son traité, que nous venons de citer, la détermine ainsi : « La marque de fabrique est le signe extérieur inhérent au produit : on doit considérer comme marque de fabrique ou de commerce, les noms, dénominations, emblèmes, timbres, cachets, etc.

Le 25 juin 1857, une loi sur les marques de fabrique changea la législation, notamment en ce qui concerne la juridiction des prud'hommes.

Cette loi, par son article 1er, dispose que *la marque de fabrique et de commerce est facultative.* Cela veut dire que s'il plaît à Jean d'adopter une marque, un signe quelconque, un cachet, une étiquette, il pourra le faire.

Pour s'assurer la propriété d'une marque de fabrique, il est indispensable de déposer au greffe de tribunal de commerce du domicile de l'auteur deux exemplaires de la marque adoptée(1).

Pour conserver la propriété des marques de fabrique, il suffit de renouveler le dépôt avant l'expiration de la 15e année.

Les étrangers établis en France jouissent des mêmes avantages que les Français, s'ils possèdent des établissements en France, à la condition, bien entendu, d'accomplir les formalités prescrites par la loi, c'est-à-dire opérer les dépôts qu'elle impose.

Pour assurer à l'auteur d'une marque de fabrique la propriété de cette marque, la loi devait forcément édicter des pénalités contre ceux qui se livrent à la contrefaçon.

Aussi punit-elle tout contrefacteur, et elle dispose par son article 7 : que tout contrefacteur sera puni d'une amende de cinquante francs à trois mille francs, et d'un emprisonnement de trois mois à trois ans, ou de l'une de ces deux peines seulement :

1º Ceux qui ont contrefait une marque ou fait usage d'une marque contrefaite ;

2º Ceux qui ont frauduleusement apposé sur leurs produits, ou les objets de leur commerce, une marque appartenant à autrui ;

---

(1) A défaut de tribunal consulaire, le dépôt s'effectue au greffe du tribunal civil, qui statue en matière commerciale.

3º Ceux qui ont sciemment vendu, ou mis en vente, un, ou plusieurs produits revêtus d'une marque contrefaite ou frauduleusement apposée.

La loi ne s'est pas arrêtée à ces pénalités, et le législateur a édicté que ceux qui, sans contrefaire une marque, en feraient une imitation frauduleuse de nature à tromper l'acheteur, feraient usage d'une marque frauduleusement imitée, ainsi que ceux qui feraient usage d'une marque portant des indications frauduleuses de nature à tromper l'acheteur sur la nature du produit, seraient punis d'une amende de cinquante francs à deux mille francs et d'un emprisonnement de un mois à un an, ou de l'une de ces deux peines.

Nous aurons, du reste, à nous étendre plus longuement sur l'économie des lois qui règlent les marques de fabrique.

Quant à présent, nous devons nous borner à ce qui précède pour indiquer à l'auteur d'une marque de fabrique quelles sont les formalités exigées pour assurer sa propriété.

Nous avons tenu, en terminant, à indiquer quelques-unes des pénalités infligées aux contrefracteurs des marques de fabrique, et lorsque nous traiterons des brevets d'invention, nous compléterons ces instructions. Ici nous devions nous renfermer dans les attributions des conseils des prud'hommes.

Notre prochaine livraison entretiendra nos lecteurs de ce qui reste à dire sur les prud'hommes.

*(A suivre)*

# CORRESPONDANCE

*M. X..., rue du Petit-Carreau, Paris.* — Il nous est impossible, Monsieur, de faire paraître un traité complet des lois et de la jurisprudence.

Les lois sont appelées à être modifiées; — la jurisprudence change souvent; — nous ne pouvons tenir au courant nos abonnés que de ce qui s'est passé hier, mais non pas de ce qui arrivera demain.

Si nous publions notre ouvrage par livraison, c'est afin que chaque personne puisse sacrifier une heure par quinzaine pour se mettre au courant des lois. Mais peu de personnes consentiraient à lire un ouvrage qui prendra forcément plusieurs volumes, et d'une seule haleine. Vous le premier, Monsieur, vous vous empresseriez de le laisser de côté.

Votre observation est juste lorsque vous dites que ce qu'on désire c'est de trouver la solution d'une question, en compulsant un bouquin — pardon — c'est l'expression dont vous vous servez. — C'est pour parer à cet inconvénient que nous nous mettons à la disposition de nos abonnés pour leur donner gratuitement les conseils dont ils auraient besoin.

Or, si vous ne trouvez pas dans les livraisons parues la solution que vous demandez, vous pouvez nous soumettre le cas qui vous embarrasse, et nous nous empresserons de vous répondre.

Agréez, etc.

*M. A. C., 559, Paris.* — Vous avez raison. Nous répondons à toutes les lettres de nos abonnés, soit par notre petite correspondance insérée à notre *Traité*, soit par la poste si le sujet comporte quelque gravité. Pour votre affaire, terminez par une transaction, vous y avez intérêt.

*Mme veuve B., Saint-Cloud.* — Faites émanciper votre fille qui vient d'atteindre sa quinzième année. Une simple déclaration devant le juge de paix suffit.

*M. S., Paris.* — Régularisez le plus tôt possible vos écritures.

*M. V., à Fontainebleau.* — Votre femme ne peut rien faire, si elle n'a pas saisi la justice d'une demande en séparation de corps. Chef de la communauté, vous êtes libre de disposer de vos biens mobiliers.

Pour une consultation écrite, veuillez nous donner plus amples renseignements. Recevrez réponse après mûr examen.

*M. V., rue Montmartre, Paris.* — La séparation de biens ne peut être prononcée que si la dot de la femme est mise en péril par suite des mauvaises affaires de son mari. — Lorsqu'il n'y a pas de contrat de mariage qui a précédé l'union des époux, c'est la communauté légale qui existe. Elle est régie par le Code civil qui règle les intérêts des époux.— Votre lettre ne contient pas assez de détails, veuillez la compléter, réponse sera faite soit par consultation, soit par notre publication, suivant que nous croirons devoir le faire.

*M. J., à Bordeaux.* — Votre abonnement vous donne droit aux consultations dont vous aurez besoin.

Nous acceptons de suite vos affaires, mais à la condition, *sine quâ non*, c'est qu'elles soient débarrassées de chicanes inutiles.

*M. V., à Versailles.* — La séparation de corps ne fait pas obstacle à ce que le mari puisse faire constater l'adultère de la femme et ne lui retire pas le droit de la poursuivre correctionnellement pour ce délit.

Il n'en est pas de même pour le mari qui ne peut être poursuivi par la femme, qu'autant qu'il a entretenu une concubine dans le domicile conjugal. — La séparation de corps prononcée, il n'existe plus de domicile conjugale; donc, pas de délit de la part du mari.

*M. G., à Lyon.* — La femme dont le mari était commerçant au moment du mariage ou qui l'est devenu dans l'année, n'a pas de privilége pour ses reprises, ni d'hypothèque légale sur les biens du mari. Elle n'est qu'une créancière ordinaire, venant au même titre que les autres créanciers — sans privilége — nous vous répondrons par correspondance particulière lorsque nous aurons reçu les pièces dont vous nous annoncez l'envoi. Joindre un timbre poste pour la réponse.

*M. H., à Rouen.* — Impossible de vous donner un conseil sans examen de votre position. — Venez si vous le croyez utile, ou envoyez notes explicatives. Les demandes en revendication ont besoin d'être appuyées de pièces ayant date certaine. C'est ordinairement le moyen pris par les mauvais débiteurs et les tribunaux exigent pour les accueillir, la justification de la propriété du revendiquant.

*M. X., à Laon.* — Merci de votre conseil, mais notre langage — écrit — doit être à la portée de tous; donc, débarrassé de fleurs de rhétoriques et surtout de phrases prétentieuses. Ce que nous avons à répondre à votre lettre, c'est ceci : expliquez-nous bien d'une façon concise la difficulté qui vous est faite.

Au besoin, envoyez-nous la copie de la clause qui donne lieu à discussion.

Du reste, consultez Me Dominé, avoué à Laon. C'est un excellent conseil.

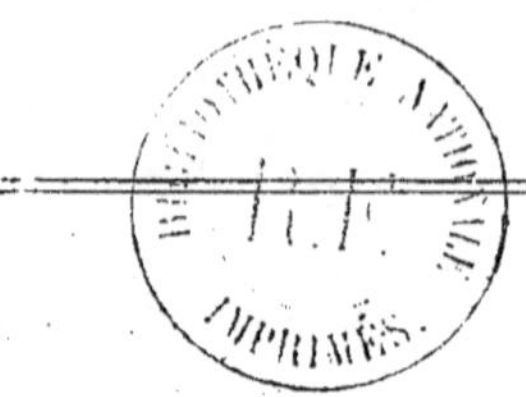

## SOMMAIRE



§ 1<sup>er</sup>

## DES FORMALITÉS A REMPLIR POUR S'ASSURER LA PROPRIÉTÉ D'UN DESSIN DE FABRIQUE

Il est indispensable, pour répondre aux demandes qui nous ont été adressées, d'indiquer d'une façon très-claire ce qu'il convient de faire pour conserver la propriété d'un dessin de fabrique, l'explication donnée sur ce sujet par notre précédente livraison n'ayant pas paru assez explicite à l'un de nos abonnés.

3

Pour revendiquer par la suite, devant le tribunal de commerce, la propriété d'un dessin de son invention, l'inventeur sera tenu d'en déposer, aux archives du conseil de prud'hommes, *un échantillon plié sous enveloppe, revêtu de ses cachets et signature*, sur laquelle sera également apposé le cachet du conseil de prud'hommes.

Nous avons déjà dit précédemment que les dépôts de dessin sont inscrits sur un registre tenu *ad hoc* par le conseil de prud'hommes, lequel, ainsi que nous l'avons expliqué, délivrera au fabricant un certificat rappelant le numéro d'ordre du paquet déposé et constatant la date du dépôt.

La loi ne dit pas que l'heure où ce dépôt est opéré doit être constaté; elle prescrit seulement la date. Si nous avons dit que l'heure devait être indiquée, c'est une mesure de précaution qui serait bonne à prendre. Du reste, à cet égard, il faut s'en rapporter, par suite du silence de la loi, aux usages adoptés par les conseils de prud'hommes.

En cas de contestation entre deux ou plusieurs fabricants sur la propriété d'un dessin, le conseil de prud'hommes procédera à l'ouverture des paquets qui lui auront été déposés par les parties, il fournira un certificat indiquant le nom du fabricant qui aura la priorité de date.

Le déposant peut conserver la propriété exclusive de son dessin pendant une, trois ou cinq années, ou à perpétuité; il doit déclarer son intention à cet égard en opérant le dépôt. Il sera tenu note de cette déclaration.

Le droit à acquitter est fixé par le conseil de prud'hommes; il ne pourra excéder un franc pour chacune des années pendant lesquelles le déposant voudra conserver la propriété exclusive de son dessin. Ce droit sera de dix francs pour la propriété perpétuelle.

## § 2ᵉ

## DES ATTRIBUTIONS DES CONSEILS DE PRUD'HOMMES EN MATIÈRE DE POLICE

Les conseils de prud'hommes sont investis d'un droit de police et de juridiction pour les règlements de compte entre les négociants et les chefs d'atelier.

Le droit de police consiste dans le contrôle et la surveillance des livres d'acquit.

On doit entendre par livres d'acquit celui qui est destiné à l'inscription des avances faites et des matières fournies par le négociant chef d'atelier.

Ces livres d'acquit sont, sur la demande des chefs d'atelier, délivrés *gratis* au secrétariat du conseil de prud'hommes et inscrits sur un registre tenu à cet effet; l'un de ces livres est remis au négociant et l'autre au chef d'atelier.

Le négociant doit déclarer sur le livre d'acquit si le chef d'atelier qui cesse de travailler pour lui a soldé son compte, ou de quelle somme il reste débiteur.

En cas de contestation sur la déclaration du négociant, c'est le conseil de prud'hommes qui doit juger.

Lorsque le livre d'acquit constate une dette du chef d'atelier envers son ancien maître, cette dette est soldée au moyen de retenues faites par le fabricant qui emploie ensuite le chef d'atelier. Ces retenues sont obligatoires pour le fabricant. Elles consistent dans la huitième partie du prix des façons de l'ouvrage exécuté par le chef d'atelier.

Le fabricant est même tenu de solder entièrement le compte de matières et le compte d'argent jusqu'à concurrence de 500 fr., lorsque le chef d'atelier a quitté son ancien patron sans son consentement et sans cause légitime.

On a voulu par cette dernière disposition prévenir l'embauchage. En effet, l'exposé des motifs de la loi de 1806 porte qu' « il est « nécessaire de préserver les fabricants de la tentation, à laquelle « ils cèdent quelquefois, de débaucher un chef d'atelier qu'ils con- « voitent pour améliorer leur fabrication et nuire à celle de leur « concurrent. »

Les dettes des chefs d'atelier ont date certaine vis-à-vis des négociants et des chefs d'atelier, seulement après l'apurement des comptes, par la déclaration sur le livre d'acquit et le visa du bureau des prud'hommes.

Pour rendre plus sensibles les explications qui précèdent, prenons un exemple :

M. Guillaume, fabricant de meubles, prend M. Joseph comme chef d'atelier. Ce dernier doit se faire délivrer un livre d'acquit par le secrétaire du conseil de prud'hommes dans la catégorie duquel sa profession est classée.

Sur ce livre d'acquit, dont un double sera entre les mains de chacun d'eux, sont inscrites les sommes et les fournitures que Guillaume a faites à Joseph.

Ainsi Joseph, chef d'atelier, a reçu du bois pour la confection de meubles, d'autres fournitures, plus une certaine somme. Ces avances sont portées sur le livre d'acquit, et faute par lui d'en justifier l'emploi, il est débiteur de ce qui manquerait, et si le patron et le chef d'atelier ne sont pas d'accord, le conseil de prud'hommes décide.

Joseph quitte l'atelier de Guillaume pour entrer chez Constantin, il reste débiteur d'une somme portée sur le livre d'acquit; ce dernier devra opérer à Joseph, au profit de Guillaume, la retenue de la huitième partie des prix de façon de l'ouvrage qu'il aura exécuté, à peine d'être responsable.

Si Joseph avait quitté l'atelier de son patron sans son consentement ou sans cause légitime, Constantin sera tenu de payer à Guillaume ce qui lui restera dû en compte de matière, et le compte d'argent jusqu'à concurrence de 500 francs.

§ 3<sup>e</sup>

## DE L'INSPECTION DES PRUD'HOMMES DANS LES ATELIERS ET DU LIVRET DONT LES OUVRIERS DOIVENT ÊTRE POURVUS.

Le Conseil de Prud'hommes est obligé de tenir un registre exact du nombre de métiers existants, et du nombre d'ouvriers de tout genre employés dans la fabrique et les ateliers pour les renseignements être communiqués à la Chambre de Commerce toutes les fois qu'il en sera requis. Pour cela ils sont autorisés à faire dans les ateliers une ou deux inspections par an pour recueillir les informations nécessaires.

Ces inspections ne peuvent avoir lieu qu'après que le propriétaire de l'atelier aura été prévenu deux jours avant celui où les prud'-

hommes devront se rendre dans son domicile. Celui-ci est tenu de leur donner un état exact du nombre des métiers qu'il a en activité et des ouvriers qu'il occupe ; mais les Prud'hommes ne peuvent en aucun cas, profiter de leur inspection pour exiger la communication de livres d'affaires et des procédés nouveaux de fabrication que l'on voudrait tenir secrets.

Si, pour effectuer leur inspection, les prud'hommes ont besoin du concours de la police municipale, cette police est tenue de leur fournir tous les renseignements et toutes les facilités qui sont en son pouvoir.

En ce qui concerne la délivrance des livrets d'ouvriers, les conseils de prud'hommes ne peuvent s'immiscer dans cette délivrance qui est complétement réservée aux maires ou à leurs adjoints.

§ 4<sup>e</sup>

## DE LA CONTRAVENTION AUX LOIS ET RÈGLEMENTS

Les Conseils de prud'hommes sont spécialement chargés de constater, d'après les plaintes qui pourraient leur être adressées, les contraventions aux lois et règlements. Les procès-verbaux qu'ils dressent de ces contraventions sont renvoyés aux tribunaux compétents, ainsi que les objets qu'il auraient cru devoir saisir.

Ils constatent également, sur les plaintes qui leur sont adressées, les soustractions de matières premières qui pourraient être faites par les ouvriers au préjudice des fabricants, et les infidélités commises par les teinturiers.

Dans les cas ci-dessus, et sur la réquisition verbale ou écrite des parties, les prud'hommes pourront, au nombre de deux au moins, assistés d'un officier public dont un fabricant et un chef d'atelier, faire des visites chez les fabricants, chefs d'atelier, ouvriers et compagnons.

Les procès-verbaux constatant les soustractions ou infidélités, seront adressés au bureau général des prud'hommes, et envoyés, ainsi que les objets formant pièce de conviction, aux tribunaux compétents.

Les explications qui précèdent, en ce qui concerne les contraventions aux lois et règlements, nous paraissent assez claires pour qu'il soit nécessaire de les rendre plus saisissables par des exemples.

## § 5e

## DES CONGÉS ET DE LA RETENUE

Les prud'hommes sont compétents pour juger des difficultés qui naissent entre le patron et l'ouvrier, à l'égard du congé qui est donné par l'un ou par l'autre, et sur la retenue des livrets que prétendrait opérer le patron.

L'ouvrier qui a exécuté ses engagements vis-à vis de son patron, qui a terminé l'ouvrage qu'il s'était chargé de faire pour son compte, qui a travaillé pour lui pendant le temps qu'ils étaient convenus, ou qui est réglé par l'usage des lieux — ce sont les prud'hommes qui sont chargés d'apprécier cet usage — ou à qui le patron refuse de l'ouvrage ou son salaire, a le droit d'exiger la remise de son livret, ou la délivrance de son congé, lors même qu'il n'a pas acquitté les sommes qu'il a reçues.

De son côté, le patron qui exécute les conventions arrêtées entre lui et l'ouvrier, a le droit de retenir le livret de celui-ci, jusqu'à ce que le travail, objet de ces conventions, soit terminé et livré, à moins que l'ouvrier, pour des causes indépendantes de sa volonté, ne se trouve dans l'impossibilité de travailler ou de remplir les conditions de son contrat.

Les avances faites par le patron à l'ouvrier ne peuvent être inscrites sur le livret de celui-ci, et ne sont remboursables, au moyen de la retenue, que jusqu'à concurrence de trente francs, laquelle retenue ne peut être que du dixième du salaire journalier de l'ouvrier.

Des exemples rendront plus sensibles les explications qui précèdent : Jean s'est engagé comme ouvrier vis-à-vis de Paul, son patron, à faire pour son compte une bibliothèque, moyennant un prix déterminé. Il a le droit d'exiger, l'ouvrage terminé, son congé et la remise de son livret, lors même qu'il n'aurait pas acquitté les avances qu'il a reçues.

Autre exemple : Pierre s'est engagé à travailler dans l'atelier de Paul pour un délai déterminé. A l'expiration de ce délai, Pierre a le droit d'exiger son congé et la remise de son livret. A défaut de temps déterminé, c'est l'usage des lieux qu'il faut suivre, lequel est interprété par le conseil de prud'hommes.

Si Paul, patron, refuse à Pierre, ouvrier, de lui donner de l'ouvrage ou de lui payer son salaire, ce dernier pourra exiger la remise de son livret, lors même qu'il serait débiteur d'avances faites. On pense bien que si le compte de salaire se balance avec le compte d'avances, l'ouvrier n'est débiteur d'aucune somme.

Mais si l'ouvrier n'a pas rempli ses engagements, le patron a le droit, ainsi que nous l'avons dit, de retenir son livret.

## § 6ᵉ

## COMPÉTENCE DES PRUD'HOMMES COMME JUGES DE POLICE

Les conseils de prud'hommes sont appelés à réprimer tout délit tendant à troubler l'ordre et la discipline de l'atelier, tout manquement grave des apprentis envers leurs maîtres, et dans ce cas, ils peuvent prononcer la condamnation à la prison, laquelle ne pourra, dans tous les cas, excéder trois jours.

Les ouvriers, contre-maîtres, chefs d'atelier et apprentis sont passibles des peines ci-dessus, et, d'après plusieurs auteurs, cette répression doit même atteindre le maître, s'il se permet envers ses ouvriers ou apprentis des injures qui troublent l'ordre de l'atelier. Il est bien entendu que cette juridiction de police attribuée aux prud'hommes est restreinte, comme leur juridiction civile, aux industries désignées dans le décret d'institution et aux personnes qui exploitent ces industries.

Exemple : les désordres commis dans une fabrique de tissus par Pierre, ouvrier en bâtiments, ne pourra être cité devant le conseil des prud'hommes institué pour les tissus, mais bien devant le conseil dans la catégorie duquel se trouve rangée l'industrie qu'il exerce.

La compétence du conseil de prud'hommes ne comprend que

ce qui intéresse l'ordre ou la discipline de l'atelier ; tous les autres faits répréhensibles sont justiciables des tribunaux correctionnels, criminels ou de simple police.

Il faut considérer comme tendant à troubler l'ordre et la discipline de l'atelier, l'insubordination, les paroles grossières, les injures, etc., lors même que ces faits ne constitueraient pas une contravention prévue par le Code pénal.

La poursuite de ces contraventions n'appartient qu'aux parties intéressées. La partie lésée peut demander des dommages-intérêts, et le conseil des prud'hommes est compétent pour statuer sur cette demande.

La juridiction des conseils de prud'hommes en matière de police est plutôt disciplinaire que répressive, et les condamnations prononcées par eux n'empêchent pas, aux termes de la jurisprudence, la poursuite devant les tribunaux ordinaires de répression.

Les jugements des conseils de prud'hommes en matière de police sont sujets à appel, et cet appel doit être porté devant le tribunal de police correctionnelle et être interjeté dans les dix jours.

L'action publique et l'action civile sont, comme en matière de simple police, prescrites après une année révolue, à compter du jour où la contravention a été commise. Le délai est de deux ans pour la prescription de la peine prononcée par les jugements.

## § 7ᵉ

## DES CONTRATS D'APPRENTISSAGE

Le conseil de prud'hommes est également compétent pour connaître des contestations qui peuvent s'élever entre patrons et apprentis à l'occasion du contrat d'apprentissage.

Comme nous devrons consacrer une causerie complète sur le genre de contrat ou sur les conventions qui en tiennent lieu, et en raison de l'importance de cette question, nous nous bornons ici à expliquer seulement que les difficultés qui s'y rattachent sont de la compétence des conseils de prud'hommes.

Après avoir indiqué les principes de la compétence des conseils de prud'hommes d'une façon que nous espérons assez claire pour initier nos abonnés aux avantages que présente cette excellente institution

— qui augmentera, certes, avec le temps et les principes démocratiques actuels — nous allons expliquer le mode de procéder devant les conseils de prud'hommes.

§ 8<sup>e</sup>

## DU BUREAU PARTICULIER POUR LA CONCILIATION

Le bureau particulier a pour mission de concilier les parties. Tel a été le but principal de la création des conseils de prud'hommes. Il est composé, ainsi que nous l'avons dit, outre le président, d'un prud'homme patron et d'un prud'homme ouvrier.

Les parties invitées par lettre du secrétaire du conseil doivent se présenter en personne, sans pouvoir se faire représenter par un mandataire, si ce n'est en cas d'absence ou de maladie justifiées ; on peut alors se faire représenter par un parent, négociant ou marchand exclusivement, et porteur d'un pouvoir sous seing privé, non enregistré ; une simple lettre suffit.

Il faut dire que le conseil, en pratique, se montre très-difficile sur la justification de l'absence, ou de la maladie — qu'il faut établir — et sur la qualité de négociant ou de commerçant, que le mandataire doit établir.

Ces justifications et preuves s'établissent : pour l'absence de la façon dont on établit un voyage ; pour la maladie par un certificat de médecin ; et pour la qualité de négociant ou marchand par la production de la patente, des factures ou autres pièces.

A Paris, voici comment on procède pour les quatre conseils de prud'hommes existants :

La partie qui veut appeler une autre personne devant le conseil de prud'hommes, se présente en personne au secrétariat. Il lui est remis, à elle-même, une lettre sur papier blanc contenant l'invitation de comparaître au bureau de conciliation. C'est le demandeur qui se charge de faire parvenir cette lettre de convocation à son adversaire. Si aux jour et heure indiqués la partie appelée ne se présente pas, le secrétaire du conseil envoie directement une nouvelle convocation sur un papier de couleur.

Voici pourquoi sur un papier de couleur :

Les conseils de prud'hommes se tiennent dans le même bâtiment que le tribunal de commerce, dans une de ses dépendances. Chacun des conseils de prud'hommes, pour éviter la confusion, a adopté une couleur différente. A défaut par la partie citée de comparaître sur cette convocation, qui équivaut à citation, le conseil donne défaut, renvoie de suite au bureau de jugement qui prononce immédiatement condamnation, sans qu'il soit besoin de citation par huissier, à moins cependant qu'il s'agisse d'une somme supérieure à 200 francs, car alors, l'appel étant permis, le conseil ne prononce défaut que sur une citation donnée par l'huissier spécial du conseil de prud'hommes.

Nous n'entrerons pas ici dans les détails de forme pour la citation, l'huissier les connaît et la partie n'a pas besoin de s'en préoccuper.

Les parties doivent s'expliquer devant le conseil avec décence et modération, sinon elles peuvent, après avoir été rappelées inutilement à leur devoir par le Président, être condamnées à une amende qui ne dépassera pas 10 francs, avec affiche du jugement dans la ville où siège le tribunal.

Les mineurs sont, comme les majeurs, soumis à la conciliation; cependant, s'il est soumis à la puissance paternelle, il ne pourra transiger devant le Conseil de prud'hommes sans l'assistance de son père, de sa mère, s'il n'a plus son père, ou son tuteur s'il n'a plus ni l'un ni l'autre.

La femme mariée sous le régime de la communauté ne pourrait non plus transiger devant le conseil de prud'hommes sans l'assistance de son mari, car les produits de son industrie appartiennent à ce dernier, qui en a l'administration.

La femme séparée de biens, ayant la libre disposition de ses revenus, peut transiger devant le Conseil de prud'hommes par les conventions relatives à son travail et à son industrie.

Ces principes rigoureux reçoivent dans la pratique une application moins sévère. Si un enfant est sans tuteur — ce qui arrive souvent pour ceux employés dans les fabriques, — si une ouvrière est abandonnée par son mari, le Conseil doit, ainsi que l'a fait celui de Rouen, et que le font ceux de Paris, écouter leur demande sans exiger la nomination d'un tuteur ou l'autorisation maritale, alors qu'il ne s'agit que d'un faible salaire; l'un et l'autre, forcés de travailler pour vivre, doivent pouvoir recevoir le paiement du salaire nécessaire à leur subsistance !... Ce n'est que lorsque le mineur est pourvu d'un tuteur et que la femme mariée ne sera pas séparée de fait de son mari, que le Conseil de prud'hommes devra exiger les autorisations dont nous parlons ci-dessus, et encore les Conseils de prud'hommes ne pourront se montrer trop rigoureux à cet égard et s'inspireront des circonstances. Il est admis en doctrine et en jurisprudence que la femme est autorisée tacitement par son mari, et même qu'elle l'oblige valablement, lorsqu'elle fait des achats et provisions alimentaires ou de choses nécessaires à son entretien et à celui de ses enfants. Comment lui refuser cette autorisation tacite pour recevoir ou demander amiablement son salaire? Tel est l'avis de M. Sarrazin, que nous avons déjà cité, et que nous partageons également.

« Les paiements faits à la femme, dit cet auteur, et au mineur « sont valables. Toutefois, ces décisions doivent être restreintes « aux demandes en paiement de salaire; si le différend a pour « objet un louage d'ouvrage dont la validité est contestée, les « arrangements relatifs à ces différends ne peuvent intervenir « valablement devant le bureau particulier qu'autant que les « femmes et les mineurs sont autorisés. »

Nous nous étendrons d'avantage sur les incapacités des mineurs et des femmes mariées, lorsque nous traiterons des questions si nombreuses que ces incapacités présentent.

En résumé, si le mineur est en puissance paternelle, s'il est pourvu d'un tuteur, il sera utile qu'il se présente devant le bureau particulier pour transiger, assisté de son père ou de son tuteur, ou bien porteur de l'autorisation de l'un ou de l'autre, sans cependant que le défaut d'autorisation l'empêche de toucher son salaire. La femme mariée qui ne serait pas dans l'impossibilité de se procurer l'autorisation maritale devra également se munir de cette autorisation.

Le conseil, à défaut d'autorisation, appréciera les motifs qui s'opposent à leur production.

Dans notre prochaine livraison, nous nous entretiendrons du bureau général ou de jugement, de l'exécution des jugements, etc.

G. DELAHAYE.

*(A suivre)*.

# CORRESPONDANCE

**N. 12. *M. J...,* *rue de l'Entrepôt.*** — Il ne fallait pas prendre livraison d'une partie des vins, sans avoir fait constater s'ils étaient conformes à l'échantillon.

Faites constater, par un huissier, accompagné d'un dégustateur-juré, choisi parmi ceux commissionnés par la préfecture de police, la quantité de vins dont vous avez pris livraison, leur qualité, la quantité et la qualitéde ceux qui restent en gare, les marques des barriques, et si toutes les barriques sont conformes à l'échantillon.

Sur le vu du procès-verbal de constat, nous vous indiquerons ce qu'il y a à faire.

**N. 13. *M. P...,* *rue Saint-Honoré.*** — C'est une erreur de croire que les syndics de faillite ont intérêt à retarder la solution des faillites. Ils ont, au contraire, avantage à en activer la solution, par le motif que le tribunal de commerce ne les nomme dans de nouvelles affaires qu'autant qu'ils liquident les anciennes. L'indemnité que leur alloue le tribunal n'est pas déterminée par le temps que demande l'instruction de la faillite, ni les peines et soins qu'elle donne, mais par le dividende produit. Telle affaire donnera beaucoup de peine, présentera des difficultés assez nombreuses et donnera lieu à une faible indemnité pour le syndic ; telle autre, au contraire, n'aura pas nécessité autant de soins et l'indemnité sera plus importante. Le motif, c'est que la première aura produit fort peu aux créanciers tandis que la deuxième aura donné des dividendes importants.

Souvent les faillites donnent lieu à des procès longs, et de la solution desquels dépend la conclusion des opérations de la faillite.

Les syndics choisis par le tribunal ne sont nommés qu'autant qu'ils ont donné des garanties de moralité, d'intelligence, d'activité et justifié d'aptitudes et de connaissances en droit.

**N. 14. *M. G...,* *à Creil.*** — Faites vite procéder à l'inventaire après le décès de votre mari, si vous voulez éviter l'apposition des scellés; mais avant il est indispensable de réunir le conseil de famille pour faire nommer un subrogé-tuteur à vos enfants mineurs, dont vous êtes la tutrice légale. Adressez-vous à votre notaire pour l'accomplissement de ces formalités.

**N. 15. *M. M...,* *rue Beautreillis, Paris.*** — Vous pouvez placer vous-même votre affaire devant le Tribunal de commerce; pour cela il suffit de déposer au greffe, le matin du jour de l'audience, avant dix heures, votre original d'assignation, et de consigner la somme de 3 fr. 90. Vous devrez vous trouver en personne à l'audience, chaque fois que l'affaire sera appelée, si elle subit des remises. Ce sont des pertes de temps que nous vous engageons à éviter en confiant vos intérêts à un agréé du Tribunal de commerce.

N. 16. *M. Y...,* *rue Saint-Antoine.* — Gardez-vous bien d'accepter un avantage quelconque en dehors des conditions que votre débiteur propose pour obtenir son concordat. Car l'article 597 du Code de commerce punit d'une amende qui peut atteindre 2,000 francs et d'un emprisonnement de une année au maximun, celui qui aura stipulé à son profit des avantages particuliers comme condition de son vote, et quelles que soient les précautions que vous prendriez, ce n'en serait pas moins un délit.

N. 17. *M. C...,* *à Paris.* — Le délai pour porter une surenchère sur un immeuble vendu par autorité de justice est de huit jours, à partir du jour de l'adjudication; si le huitième jour tombe un dimanche, la surenchère peut être faite le lundi, dernier jour. La surenchère doit être du sixième du prix de l'adjudication, et vous vous obligez à rester acquéreur pour le montant de la surenchère, s'il ne se présente pas de nouvelle enchère.

Le ministère d'un avoué est indispensable.

N. 18. *M. V...,* *à Lyon.* — Les billets dits « de circulation, » qui ne sont autres que des billets de complaisance, amènent toujours, pour celui qui se livre à ce genre d'opération regrettable, un désastre, une catastrophe; c'est un mauvais moyen de crédit qu'emploient ordinairement les commerçants aux expédients. La faillite en est toujours la suite et la condamnation à la prison la conséquence.

N. 19. *Madame J...,* *à Paris.* — Réfléchissez bien avant de former une demande en séparation de corps, toujours malheureuse pour les enfants. Les torts de votre mari peuvent n'être que passagers. Oui, vous devez vous présenter en personne devant le Président du tribunal pour être conciliés si faire se peut. Consultez votre avoué, car son ministère est forcé; mais il ne pourra vous assister en conciliation devant M. le Président. N'oubliez pas qu'il faudra faire la preuve des faits que vous articulez, s'ils sont jugés de nature à faire prononcer la séparation de corps, c'est-à-dire s'ils établissent que la vie commune est devenue impossible.

N. 70. *M. X...,* *ingénieur à Paris.* — Comme vous le dites, la pratique a démontré que la loi de 1867 sur les Sociétés avait besoin d'être révisée, — mais elle existe, et jusqu'à ce qu'elle soit abrogée il faut l'exécuter. N'exagérez pas les apports, veillez bien à ce que la totalité du capital soit souscrit et le quart versé dans la caisse de la Société. Pour la rédaction des statuts, s'il y a des formules générales, il y a aussi des dispositions particulières qu'il est important de bien définir et qui varient suivant l'objet et la nature de la Société. Vous trouverez dans notre *formulaire* les modèles de statuts avec les annotations indiquant les changements à opérer suivant les circonstances ou les différents objets de la Société.

N. 21. *M. G...,* *Beauvais.* — Ce qui précède s'applique au cas dont vous nous entretenez. Nous vous conseillons de former entre vos co-fondateurs, une participation qui aura pour objet de faire le nécessaire pour arriver à la constitution d'une société anonyme pour exploiter la mine dont parle votre lettre.

Nous nous tenons à votre disposition pour vous aider dans la formation de cette société.

N. 22. *M. X...*, *négociant, Amiens*. — Dans l'espèce, vous pouvez invoquer la prescription, elle est acquise ; mais la prescription n'est qu'une présomption de paiement, et votre adversaire peut vous déférer le serment sur le paiement.

Si vous prêtiez ce serment sans certitude d'avoir payé, vous pourriez subir les conséquences d'un faux serment. Nous ne vous faisons pas l'injure de croire que vous seriez capable d'affirmer sous serment un fait dont vous ne seriez pas absolument certain.

N. 23. *M. P...*, *Pantin*. — Si vous avez un titre sous seing privé, reconnaissance, billet à ordre, acte notarié contenant obligation, un jugement, vous pouvez former opposition sur ce qui peut être dû par des tiers à votre débiteur, sinon pour former cette opposition, qu'on appelle saisie-arrêt, il faut que vous obteniez une ordonnance du président du tribunal civil, laquelle est rendue sur une requête qui lui est présentée par un avoué.

N. 24. *M. X...*, *à Bordeaux*. — Ne nous occupant pas d'opérations de bourse, nous ne pouvons vous renseigner sur des valeurs non cotées. Adressez-vous à un agent de change.

N. 25. *M. Z...*, *à Rouen*. — Vous ne pouvez, quant à présent, adopter, juridiquement parlant, l'enfant auquel vous portez intérêt. La tutelle officieuse seule vous est possible. Les formalités à remplir sont simples et faciles. Nous vous les indiquerons si vous le désirez.

N. 26. *M. F...*, *rue Dauphine*. — Vous pouvez réunir vos créanciers. Vous auriez dû déjà le faire. Ne comptez pas sur un atermoiement ; vous trouverez toujours un créancier récalcitrant qui aura des exigences en dehors des obligations que vous prendrez vis-à-vis de tous. Vous serez, nous le craignons, obligé de déposer votre bilan.

N. 27. *Madame L...*, *à Vervins*. — Vous n'avez besoin du concours de personne pour faire un testament olographe. Il suffit, pour être valable, qu'il soit écrit en entier de votre main, daté et signé. Il peut être fait sur papier non timbré ; mais dans ce cas, lors du décès, il y a lieu à amende.

Si vous êtes sans enfant, vous pouvez disposer de la totalité de votre fortune, sauf la réserve légale au profit de vos père et mère, s'ils existent ; si vous n'avez qu'un enfant, vous pouvez disposer de la moitié de votre fortune, deux enfants, d'un tiers, trois d'un quart et toujours d'un quart. Nous ne pouvons entrer dans de plus amples détails. Nous sommes à votre disposition pour vous répondre par lettre, si vous le désirez, aux questions sur lesquelles vous croirez devoir nous consulter.

N. 28. *M. X...*, *rue d'Aboukir*. — Votre affaire ne peut sortir du rôle par tour de faveur qu'autant qu'elle présente un caractère d'urgence. Priez votre avoué de présenter à M. le président de la chambre où elle est distribuée une note de sortie de rôle expliquant l'urgence. Si cette urgence est prouvée, il sera fait droit.

D'après les explications succintes que vous nous donnez, nous pensons qu'il y aurait lieu à faire interroger votre adversaire sur faits et articles; consultez votre avoué. Nous sommes à votre disposition de deux à quatre heures.

N. 29. *M. F.-B., Versailles.* — Vous pouvez faire saisir conservatoirement les marchandises de votre débiteur, si vous êtes porteur d'un billet protesté, et en vertu d'une ordonnance du président du tribunal rendue sur requête.

N. 30. *M. L..., à Nantes.* — Pourquoi nous consulter aussi tard? Envoyez-nous votre charte-partie, la police d'assurance et explications. Nous répondrons par consultation particulière, ou dans notre prochaine livraison.

N. 31. *M. J..., à Epones.* — Veuillez préciser votre question. L'inscription sur les biens à venir ne peut être prise qu'en vertu d'un jugement, à moins que ce soit une inscription supplémentaire. Nous attendons de nouvelles explications pour vous répondre.

N. 32. *M. D..., rue des Bourdonnais.* — Le nantissement d'objets mobiliers n'est valable qu'autant qu'il est fait par un acte authentique, c'est-à-dire notarié, ou par un acte sous seing privé enregistré, et encore il faut que les objets donnés en nantissement soient en la possession de celui auquel le nantissement est donné. Expliquez les faits, nous répondrons et nous enverrons un projet d'acte.

N. 33. *M. X..., à Lyon.* — La femme, même séparée de biens, à besoin de l'autorisation maritale pour faire le commerce ; sur le refus du mari, elle peut l'obtenir de la justice. Pour cela, il faut un jugement rendu en chambre du conseil, sur les conclusions du parquet. Cette autorisation peut, suivant que le tribunal apprécie les faits, être ou accordée ou refusée.

Le mari, quand il y a séparation de biens, n'est pas responsable des dettes faites par la femme qu'il a autorisée. Mais si les époux sont communs en biens, le mari est obligé, solidairement avec sa femme, au paiement des dettes contractées par elle pour raison du commerce qu'il l'a autorisée de faire.

N. 34. *M. L..., à Paris, rue Rambuteau.* — Vous n'êtes tenu de supporter les grosses réparations que veut faire votre propriétaire à l'immeuble, que pendant quarante jours ; si elles excédaient ce délai et qu'une clause du bail ne stipule pas que vous devez les supporter sans indemnité, même pour un temps plus long, vous n'aurez droit à aucune indemnité si le propriétaire fait procéder à ces réparations avec toute l'activité qu'elles demandent.

N. 35. *M. J..., à Melun.* — Vous avez un délai de neuf jours, du jour de la livraison, pour faire constater que le cheval est atteint de la pousse ; pour cela, il vous faut présenter requête au juge de paix du canton où se trouve l'animal, afin qu'il nomme un vétérinaire pour examiner le cheval et constater s'il est atteint du vice rédhibitoire. Vous trouverez la formule de cette requête au formulaire. Du reste, nous vous avons répondu par lettre.

N. 36. *M. ***, à Paris, rue Tronchet.* — Assignez en référé afin d'obtenir la nomination d'expert pour constater l'état des lieux, l'urgence qu'il y a à exécuter les travaux de consolidation que vous estimez qu'il y a lieu de faire, et afin que les experts nommés soient autorisés à les faire exécuter d'urgence, aux risques et périls de qui il appartiendra. Consultez votre architecte sur la nécessité de faire procéder à ces travaux d'urgence ; chargez ensuite votre avoué d'introduire le référé. Si vous n'avez pas d'avoué, nous vous en indiquerons un.

N. 37. *M. X..., à Rouen.* — Faites tous vos efforts pour fixer à l'amiable, avec la Compagnie d'assurances avec laquelle vous êtes sur le point de plaider, l'indemnité qui vous est due. Nommez un expert ; que la Compagnie choisisse le sien. Donnez à ces deux experts le droit d'en choisir un troisième pour les départager s'ils n'étaient pas d'accord, et rapportez-vous en à la décision des deux ou du tiers arbitre. Vous trouverez dans notre première livraison de notre formulaire, le modèle du compromis ; vous n'aurez qu'à changer l'objet de leur expertise.

# FORMULAIRE

## DES

# ACTES SOUS SEING PRIVÉ

## Par G. DELAHAYE

### FORMULE N° 1
#### Bail sous seing privé

Entre les soussignés :

M. *(Nom, prénoms et domicile du bailleur)*, propriétaire d'une maison sise à , *(ou principal locataire, si celui qui consent le bail n'est que locataire, mais ayant le droit de sous-louer)*, .
d'une part,

Et M. *(Nom, prénoms, profession et domicile du preneur)*,
d'autre part,

A été convenu et arrêté ce qui suit :

#### ARTICLE Iᵉʳ.

M. X... fait par ces présentes bail, et donne à loyer à M. Y..., qui l'accepte, une maison *(désigner la rue, le numéro et sommairement la composition de l'immeuble loué,*

*si c'est une boutique avec dépendances,*

*si c'est un appartement, en indiquer l'étage et la distribution. Dans ces deux derniers cas on aura soin d'ajouter :* dépendant d'une maison sise à , rue , n° ; *pour Paris on indiquera l'arrondissement. Enfin on ajoute :* sans qu'il soit besoin d'une plus ample désignation, le preneur déclarant bien connaître les lieux pour les avoir vus et visités.

## Article II.

Le présent bail est fait pour une durée de       qui commencera
à courir     le     prochain.

Nota. Si le bail est divisé en périodes, il est inutile de mentionner que la continuation ou la cessation du bail à l'arrivée de chaque période, et pour la période suivante, dépendra de la volonté réciproque des parties. Nul engagement ne saurait résulter d'une telle clause, puisqu'il suffit de la volonté d'un seul pour en annuler l'effet. Néanmoins, nous ferons observer que si la continuation du bail pour une nouvelle période semblable ou non à la précédente est laissée au choix du preneur, la rédaction de l'acte subira une modification très-importante.

On dira dans ce dernier cas :

A la fin de chaque période, ce bail sera prorogé pour la période suivante, si telle est la volonté du preneur, à la charge par lui de prévenir le bailleur *(un certain temps qui devra être déterminé par la clause)*, avant l'expiration de la période courante, de son option pour la continuation du bail pendant une période nouvelle. *(Quant à la question de savoir à quel moment le preneur doit signifier ou faire connaître son option au bailleur, nous dirons qu'elle dépend des usages des lieux ou de la volonté des parties. Ordinairement c'est six mois avant l'expiration de la période courante.)* A défaut de cette déclaration en temps utile, le bail prendra fin à l'expiration de la période courante.

Nota. Quelquefois le bail est consenti pour un an, à titre d'essai, et le preneur se réserve le droit de le continuer s'il le juge convenable. On insère alors dans l'acte la clause suivante :

Le présent bail est fait pour une année qui commencera à courir le     ; à l'expiration de cette année, le bail continuera, si bon semble au preneur, et à la charge de prévenir le bailleur..........
à l'avance, pour une durée de      , qui commencera à courir à l'expiration de la première année, aux mêmes prix, charges et conditions que celles du présent bail.

## Article III.

Le preneur prendra les lieux loués dans l'état où ils se trouvent, à la charge de les rendre, à l'expiration du bail, en parfait état de réparations locatives, les ayant reçus de même.

Nota. Souvent on stipule qu'il sera fait un état des lieux ; cette clause est toute en faveur du locataire. Il est en effet censé avoir reçu les lieux en parfait état, et il est obligé de les rendre ainsi. Aussi ajoute-t-on dans ce cas :

Il sera dressé *(à frais communs ou aux frais du preneur, suivant la convention)* un état des lieux en double, et le preneur devra les rendre à la fin du bail, conformément à cet état.

Nota. Quelquefois le preneur est autorisé à faire des agencements, des distributions, des améliorations. Ordinairement ces travaux sont à la charge du preneur. Ils peuvent être à la charge du bailleur, ou bien même à frais communs. Cela dépend des conventions faites entre les parties. En effet, on peut stipuler qu'ils seront faits par le preneur et à condition qu'ils resteront, à la fin du bail, la propriété du bailleur, ou bien encore qu'à la fin de la jouissance le preneur pourra démolir les constructions qu'il aura faites et demeurer propriétaire des matériaux, mais à la charge par lui de remettre les lieux en leur état primitif. *Dans d'autres cas enfin* on stipule : que le propriétaire prendra les travaux et améliorations faits en payant la plus-value.

Dans le cas où l'autorisation est pure et simple, c'est-à-dire que le locataire rendra les lieux en leur état primitif, on rédige la clause ainsi :

Le preneur est autorisé à faire dans les lieux loués tous les changements, améliorations, travaux, distributions qu'il jugera convenables, à ses risques et périls, et pourvu qu'ils ne gênent en aucune façon la jouissance des autres locataires et ne nuisent en rien à la solidité de l'immeuble, à charge par lui de remettre les lieux dans leur état primitif et exempts de réparations locatives, conformément à l'état des lieux qui en sera dressé entre les parties.

Dans le cas où le propriétaire s'oblige à faire à ses frais les changements, les distributions, etc., la clause doit être ainsi rédigée :

Le bailleur s'oblige à faire à ses frais, sans aucune répétition vis-à-vis du preneur. *(On désigne alors les travaux à faire, et pour éviter toute discussion, il est sage d'annexer un plan et un état descriptif au bail, et on ajoute ensuite après l'énumération des travaux à faire la formule suivante)* : tels qu'ils sont détaillés et indiqués au plan et à l'état descriptif arrêté entre les parties et annexé au présent acte de bail.

Ces travaux, changements et améliorations devront être terminés le          , époque fixée pour l'entrée en jouissance, à peine par le bailleur de payer au preneur pour chaque jour de retard, la somme de          à titre de dommages-intérêts, pour réparation du préjudice causé par le retard apporté à sa jouissance. »

*Nous ferons remarquer en passant, que ce n'est que quand ces travaux auront été exécutés, qu'il conviendra de faire dresser l'état des lieux.*

*Il arrive aussi que l'intérêt de la somme dépensée par le bailleur pour les additions et les changements est à la charge du preneur. Alors on ajoute la clause suivante :* « Le preneur payera annuellement au bailleur l'intérêt de la somme dépensée pour les travaux qu'il s'est obligé à faire à raison de 5 0/0 par an. » *On convient quelquefois que l'amortissement de cette somme aura lieu annuellement. Alors on ajoute :* « Le preneur payera en outre une somme annuelle de          *(calculée sur la durée du bail)* pour l'amortissement de la somme dépensée. » *Dans ce cas, il est de toute évidence que les améliorations profitent au locataire. Le bailleur n'ayant joué ici que le simple rôle de bailleur de fonds ou prêteur. Aussi stipule-t-on à cette occasion :* « A la fin de la jouissance le preneur devra enlever, ou pourra enlever, les constructions ou améliorations faites et les matériaux qui en dépendent comme étant sa propriété, à la charge par lui de rétablir les lieux dans leur état primitif, et en parfait état de réparations locatives. »

Nota. Il est inutile de faire observer que, dans le cas précédent, les intérêts annuels dus par le preneur ou par le bailleur diminueront au fur et à mesure que la dette s'amortira. Dans le cas où les aménagements devront être supportés par le bailleur et le preneur, on rédige la clause ainsi :

Le bailleur s'oblige à faire dans les lieux loués ; *ou bien :* le preneur est autorisé à faire dans les lieux loués *(On désigne dans l'un comme dans l'autre cas, les travaux à exécuter)* dont le montant sera supporté par le bailleur et le preneur, chacun pour moitié et qui demeureront à la fin de la jouissance la propriété du bailleur. »

*On peut encore stipuler que le preneur sera tenu de remettre les lieux en leur état primitif, alors on ajoute :*

« Cette obligation réciproque ne dispensera pas le preneur de rétablir les lieux tels qu'ils seront désignés dans l'état qui en sera dressé contradictoirement. »

*Puis enfin, dans le cas où les travaux, améliorations, demeureront la propriété du bailleur, à la charge par lui d'en rembourser la valeur à la fin du bail, on rédige ainsi la convention :* « Les impenses, les constructions, les améliorations faites par le preneur seront, à la fin du bail, la propriété du bailleur qui devra rembourser au preneur, la valeur qu'elles auront à cette époque, laquelle sera fixée d'un commun accord entre les parties. Faute par elles de s'entendre à cet égard, l'estimation aura lieu par un ou plusieurs experts choisis par elles, ou nommés en justice par ordonnance de référé rendue par le président du tribunal de          *(celui de la situation de l'immeuble)*, à la requête de la partie la plus diligente.

## Article IV.

Le preneur ne pourra exercer dans les lieux loués d'autre profession que          ; ou d'autre commerce que celui de *(indiquer la nature)*.

Nota. Cette clause n'est pas toujours nécessaire ; mais elle peut être commandée par les circonstances et des cas particuliers, celui par exemple où d'autres locataires exerceraient le même commerce ou la même profession que celui ou celle que se propose d'exercer le preneur. Le propriétaire, en effet, ne saurait louer à un concurrent, ni s'exposer à ce que le locataire entrant, fasse concurrence à des locataires qui sont dans les lieux ; alors il s'interdit le droit de louer ou de sous-louer, tout ou partie de la maison dont dépendent les lieux donnés en location, à toute personne exerçant la même industrie, la même profession ou le même commerce que ceux exercés par le preneur et indiqué par le bail, ou à une personne pouvant faire une concurrence quelconque au preneur par un commerce ou une industrie similaires, ce qui entraîne la résiliation du bail s'il plaisait au preneur de l'exiger ; il faudrait en tous cas lui réserver le droit de faire cesser cette concurrence et d'exiger des dommages-intérêts pour réparation du préjudice qu'il pourrait en éprouver.

Il peut arriver que le bailleur soit ou devienne propriétaire d'immeubles contigus ou situés dans un rayon rapproché de celui où le preneur veut s'établir, et alors, il pourrait se faire qu'il louât à un concurrent. Pour prévoir ce cas, il convient de lui en interdire la faculté en ajoutant :

Cette prohibition, et la pénalité qui y est attachée s'appliquent au cas où le bailleur deviendrait propriétaire ou principal locataire d'immeubles situés dans un rayon de...... des lieux présentement loués.

### ARTICLE V.

Le preneur sera tenu de garnir les lieux loués de meubles et d'objets en quantité et valeur suffisantes pour répondre des loyers et de l'exécution du bail et ce, à peine de résiliation et de dommages-intérêts.

Le bailleur sera tenu de tenir les lieux loués, clos et couverts ; de son côté, le preneur devra supporter sans indemnité les grosses réparations quelle qu'en soit la durée, excédât-elle plus de quarante jours.

### ARTICLE VI.

Le preneur sera tenu d'exécuter les règlements de voirie et de police dont sont tenus les locataires, de façon que le bailleur ne puisse être recherché à cet égard.

Il supportera les impôts des portes et fenêtres des lieux loués.

*Quelquefois la totalité des impôts est, suivant les conventions, mise à la charge du preneur ; alors on rédige la clause ainsi :*

Il supportera personnellement les impôts de toute nature, fonciers et autres dont est grevé l'immeuble sans pouvoir les répéter contre le propriétaire et en sus du prix du loyer ci-après stipulé.

### ARTICLE VII.

Nota. L'interdiction de sous-louer ne doit pas être acceptée par le preneur qui veut fonder un établissement, car il ne pourrait le vendre ; il doit donc exiger du bailleur la permission de sous-louer à une personne exerçant la même profession que celle qu'il veut exercer dans les lieux loués. On rédige donc la clause ainsi :

Le preneur ne pourra céder ses droits au présent bail, ni sous-louer tout ou partie des lieux qui en font l'objet, qu'à une personne exerçant la même profession que lui. Dans le cas contraire, il ne pourra le faire qu'avec l'autorisation écrite du bailleur, à peine de nullité des cessions et sous-locations qui auraient lieu malgré cette prohibition, et de résiliation du présent bail sans préjudice de tous dommages-intérêts s'il y a lieu.

Dans l'un comme dans l'autre cas, soit que la sous-location ait lieu par suite de l'autorisation ci-dessus spécifiée, soit qu'elle soit faite du consentement du bailleur, le preneur sera tenu solidairement avec son cessionnaire ou sous-locataire de l'exécution du présent bail et du payement des loyers.

Nota. Si l'interdiction de sous-louer n'est pas insérée dans l'acte de bail, le preneur a le droit de sous-louer; mais il demeure solidairement obligé à l'exécution du bail avec son sous-locataire et au payement des loyers. Donc, si le propriétaire ne tient pas à cette interdiction, il est inutile de stipuler aucune clause à cet égard.

Dans le cas où le bail est consenti par un principal locataire, il convient d'obliger le preneur à l'exécution du bail primitif aux lieu et place du bailleur. Dans ce cas on insère cette clause :

Le preneur sera tenu d'exécuter dans toutes ses conditions, avec les charges qu'il contient le bail consenti au bailleur par le propriétaire, et jouira des avantages qu'il comporte.

(*Enoncer la date du bail, son enregistrement s'il est sous seing privé*), et dont le double lui a été remis ainsi qu'il le reconnait.

Dans le cas de sous-location, le sous-locataire peut exiger de son bailleur la justification du payement des loyers fait entre les mains du bailleur primitif, sinon pour ne pas payer deux fois, il devra payer entre les mains de ce dernier ou sur sa quittance.

Article VIII.

Outre les charges, clauses et conditions qui précèdent, ce présent bail est fait, moyennant un loyer annuel de,          payable par quarts de trois en trois mois, aux termes ordinaires de l'année; faute de payement de deux termes consécutifs, il demeurera résilié de plein droit, si bon semble au bailleur, quinze jours après un commandement resté infructueux et le preneur sera responsable de toutes les conséquences de cette résiliation et de celles de l'inexécution de ses engagements.

*Lorsque le bailleur exige les 6 mois de loyer d'avance*, on ajoute : le preneur a payé au bailleur, qui le reconnaît, la somme de          pour six mois de loyer d'avance imputables sur les six derniers mois de jouissance.

*Si le loyer augmente par période, on dit :* moyennant un loyer annuel pour la 1re période de        , pour la 2e période.de          .

Les 6 mois de loyer d'avance représentant le montant des deux derniers termes, à la fin de chaque période on ajoute la somme nécessaire à celle déjà versée pour compléter celle qui doit représenter les six derniers mois de jouissance, et on stipule de cette façon :

En cas d'option de la part du preneur pour la continuation du bail pour la période suivante, il devra compléter au commencement de cette période, la somme suffisante pour représenter, avec celle déjà versée, les six derniers mois de jouissance. Il en sera de même pour les autres périodes.

### ARTICLE IX.

Le preneur sera tenu de faire enregistrer à ses frais, dans les trois mois de ce jour le présent bail, et de justifier au bailleur de l'accomplissement de cette formalité, quinze jours avant l'expiration de ce délai, faute de quoi, le bailleur est autorisé à le faire enregistrer aux frais du preneur qui devra lui rembourser, comme accessoire du bail, le montant du coût de cet enregistrement.

Nota. Malgré ce droit réservé au propriétaire d'accomplir cette formalité, le preneur sera seul responsable de l'amende et du droit que ce défaut de son accomplissement dans les délais prescrits par la loi occasionnerait, et dans le cas où le bailleur serait tenu de les payer, il pourra les répéter contre le preneur à la charge duquel ils doivent demeurer.

Fait et signé double à

Nota. Il arrive dans la pratique que le propriétaire exige une caution pour l'exécution du bail; cela a lieu surtout lorsque le bailleur s'engage à faire des dépenses importantes. Dans ce cas, le mode le plus simple à employer consiste à faire intervenir la caution dans le bail. Cette obligation est rédigée de la manière suivante :

A ces présentes est intervenu M. X., lequel après avoir pris connaissance du bail dont il a arrêté les clauses et conditions contradictoirement avec le bailleur et le preneur, a déclaré se porter caution, comme de fait par ces présentes, il cautionne M.          preneur, pour l'exécution des clauses et conditions du bail, et pour le payement des loyers aux époques déterminées; en conséquence il s'oblige envers le bailleur, à payer en l'acquit du preneur faute par lui de l'avoir fait, les loyers à leur échéance, sur la simple justification d'un commandement resté sans effet et sans qu'il soit besoin de discuter le débiteur principal, et sauf son recours contre ce dernier.

Nota. Cette clause s'insère avant la mention de : fait et signé          à et alors on met : *fait et signé* en autant d'originaux qu'il y a de parties intéressées          Quelquefois aussi, mais ce cas est rare, le preneur où sa caution donne à titre de garantie pour l'exécution du bail une affectation hypothécaire sur des immeubles; dans ce cas, cette affectation ne peut avoir lieu, pour être valable, que par devant notaire; il est donc inutile d'en donner la formule. L'officier ministériel chargé de la rédaction de cet acte la connait parfaitement.

Dans d'autres circonstances le preneur donne à titre de garantie pour l'exécution de ses engagements un nantissement de valeurs mobilières. Alors on insère dans le bail la clause suivante :

M. X., preneur pour l'exécution du présent bail et pour la garantie du paiement des loyers, a remis à M.            , bailleur, à titre de nantissement, les valeurs suivantes. *(Désigner les valeurs.)*

Faute par le preneur de payer à leur échéance un ou plusieurs termes de loyer quinze jours après un commandement resté infructueux, le bailleur est autorisé, sans l'accomplissement d'aucune formalité, à faire procéder à la vente des valeurs données en nantissement. *(Si ce sont des valeurs cotées à la Bourse, on met :* par le ministère d'un agent de change de son choix, *si ce sont des meubles ou marchandises, on met :* par commissaire priseur de son choix, pour s'en attribuer le prix jusqu'à due concurrence ou en déduction des loyers échus et même un des loyers à échoir, sauf à faire l'amputation nécessaire au fur et à mesure de leur échéance.

Nota. Si à titre de garantie, le preneur transporte une créance ou des droits successifs, il faut, dans ce dernier cas, que la succession soit ouverte ; car on ne peut transporter des droits successifs qu'après le décès de la personne dont on est héritier. On met alors :

Le preneur, pour garantie de l'exécution du présent bail et le paiement des loyers, cède, transporte et abandonne au bailleur qui l'accepte : *(Désigner la chose transportée, la personne débitrice).* En conséquence, le bailleur, subrogé aux droits du preneur dans l'effet de créances ou des droits transportés, touchera à ses lieux et place, et sur sa simple quittance, le montant du présent transport, pour l'imputer sur les loyers et les charges du présent bail et venir en déduction ou jusqu'à concurrence de ceux échus et à échoir sauf à en faire compte au preneur.

*Ce transport doit être signifié aux débiteurs du cédant, à la requête du cessionnaire c'est-à-dire du bailleur.*

## FORMULE N° 2

**Traité avec le ou les entrepreneurs pour les travaux à faire.**

Entre les sousignés ; .

M. X..., *(noms, prénoms, profession, demeure)*, d'une part,

Et M. Y..., *(noms, prénoms)*, entrepeneur de            , demeurant à            d'autre part.

A été convenu et arrêté ce qui suit :

### ARTICLE I.

M. Y..., s'engage à exécuter pour le compte de M. X..., les travaux de            tels qu'il sont détaillés dans le devis descriptif et estimatif annexé à ces présentes, après avoir été signé des parties, et conformément aux détails qu'il contient.

Les matériaux à employer devront être de la nature, de la qualité et de la quantité prévues audit devis, sans que le sieur Y..., puisse en rien modifier ni changer ; lequel est la loi des parties.

Les travaux devront être exécutés conformément au plan arrêté entre les parties, et sous la direction de            , architecte.

Cette clause s'inscrit lorsqu'on a recours à un architecte, ce que nous conseillons de faire.

ARTICLE II.

M. Y..., ne pourra faire aucun changement, apporter aucune addition ou modification aux travaux désignés et détaillés au devis, sans le consentement exprès et par écrit de M. X..., à peine de détruire les travaux faits en dehors du devis et du marché, et à la charge de rétablir ceux indiqués, et à peine de supporter les dommages-intérêts qui pourraient être la conséquence du préjudice qu'éprouverait ce dernier.

Dans le cas où M. X... autoriserait des changements, des additions, des modifications aux travaux indiqués au devis, cette autorisation contiendrait les conditions de prix, déterminera la qualité des matériaux à employer, afin d'éviter toute contestation à cet égard.

Nota. Il est bien utile d'insérer cette clause, de tenir à son exécution, car ce sont ces changements auxquels on se laisse souvent entraîner qui occasionnent des mécomptes, et dépassent les prévisions.

ARTICLE III.

Les travaux devront être terminés le            prochain, à peine de (*indiquer la somme fixée par chaque jour de retard*) somme à laquelle les parties estiment à forfait le dommage que causerait le retard apporté à leur terminaison et à leur livraison.

Ces dommages seront encourus par le seul fait du défaut de livraison desdits travaux, et d'une déclaration ou mise en demeure faite par acte extrajudiciaire (*par acte d'huissier*) signifiée à la requête de M. X..., sans qu'il soit besoin d'autre formalité, ni d'avoir recours aux tribunaux pour interpréter la clause pénale et pour faire estimer le montant des dommages-intérêts représentant le préjudice éprouvé.

ARTICLE IV.

Le prix des travaux déterminés au devis descriptif et estimatif, est fixé à forfait à la somme de            sans que, sous aucun prétexte ce prix puisse être augmenté ou diminué, sauf le cas prévu article II.

Si donc des changements étaient autorisés par le sieur X..., la modification du prix stipulé serait indiquée par ladite autorisation.

### ARTICLE V.

Les travaux seront payés, savoir : un tiers le          , un deuxième tiers le          , et le surplus six mois après leur réception par l'architecte qui les aura conduits. (*On comprend que cette clause varie suivant les conventions.*)

Fait et signé double à          , le          .

NOTA. On met sur timbre le devis estimatif ainsi que le plan, que les parties signent et les annexent aux présentes conventions, avec lesquelles elles forment un tout. De cette façon on évitera des discussions, des mécomptes, et on sait où on va.

## FORMULE N° 3
### Acte de vente de fonds de commerce, suivi de la formule du procès-verbal d'estimation des marchandises

Entre les soussignés madame X..., épouse judiciairement séparée, quant aux biens, de M. V..., par jugement rendu par le tribunal de          , enregistré, signifié et exécuté, et le sieur son mari pour la validité et l'autorisation, demeurant ensemble à          .

NOTA. Si la femme a été autorisée régulièrement à faire le commerce, elle n'a pas besoin de l'assistance de son mari pour l'autoriser, mais il faut l'énoncer ainsi :

Autorisée à faire le commerce par le sieur son mari, aux termes d'une déclaration en date du          , enregistrée et annexée à ces présentes : d'une part.

Et madame          , épouse du sieur          , avec lequel elle demeure à          , autorisée à faire le commerce par son mari, aux termes d'une déclaration en date du          , enregistrée et annexée à ces présentes : d'autre part.

NOTA. L'autorisation peut être donnée par l'acte de vente, il suffit de faire stipuler le mari comme assistant sa femme et l'autorisant à faire le commerce et à se livrer à tous les actes qui en sont la conséquence. S'il y a communauté de biens, le mari est solidairement engagé à l'exécution des obligations contractées par la femme à l'occasion de son commerce.

Nous avons dans cette formule fait stipuler deux femmes mariées pour indiquer ce qu'il y a à faire dans le cas où la vente et l'acquisition sont faites par des femmes, l'une séparée de biens, l'autre, au contraire, commune en biens.

### ARTICLE Iᵉʳ.

A été convenu et arrêté ce qui suit :

Madame          , procédant sous l'autorisation maritale susénoncée, vend, cède, transporte et abandonne à madame          , également autorisée de son mari à faire le commerce :

1° Le fond de commerce qu'elle exploite à          , rue          ,
ainsi que la clientèle qui le compose, le matériel qui en dépend et qui
consiste : (*Désigner le matériel ou bien mettre* : détaillé dans l'état
annexé à ces présentes.)

2° Les marchandises qui se trouvent dans les magasins, telles
qu'elles sont détaillées en l'inventaire estimatif dressé entre les parties le          , à          , annexé à ces présentes après avoir
été signé d'elles.

*Ou bien* : Dont il sera fait état dans l'inventaire qui accompagnera
la prise de possession.

*Ou bien encore* : Sans qu'il soit besoin de les détailler, l'acquéreur
les ayant examinées, expertisées, avant la signature des présentes,
s'en déclare satisfait, et déclare être prêt à en prendre possession après
la signature des présentes, sans discussion aucune.

Quelquefois on fait pour les marchandises une stipulation dans les termes suivants :

L'acquéreur prendra le matériel et les marchandises (*ou les marchandises seulement, si le matériel fait partie du prix de vente tel qu'il,
ou telles qu'elles*) se trouveront lors de l'entrée en jouissance. Il en sera
fait inventaire, et l'acquéreur devra les prendre moyennant l'estimation amiable qu'en fera M.          , désigné et nommé à cet effet
par ces présentes d'un commun accord entre les parties; ou M. M...

( Si on a fait choix de deux personnes comme experts, on ajoute :)

Et faute par eux de s'entendre sur la valeur à donner aux marchandises, ils sont autorisés par ces présentes à choisir une troisième personne pour les mettre d'accord en les départageant.

Le tout sans l'accomplissement d'aucune formalité judiciaire, les
parties déclarant les en dispenser, entendant les choisir à titre d'a-
miables compositeurs et s'obligeant à accepter leur évaluation sans
aucun recours en justice, et renonçant à attaquer leur décision, soit
par la voie de l'appel, du recours en cassation ou de toute autre façon
entendant qu'elle fasse la loi des parties.

Dans le cas où les parties conviendraient que les marchandises seront prises
à prix de facture, on stipule ainsi :

L'acquéreur prendra les marchandises au prix de facture; à cet
égard le vendeur devra lui donner toutes les justifications nécessaires
à l'appui des factures produites, constatant les prix moyennant lesquels
il les a acquises. Le preneur aura toujours le droit de contrôler sur les
livres du vendeur l'exactitude des prix indiqués.

Dans le cas où, par suite du démodement, de la détérioration ou pour toute autre cause, on ferait subir une diminution à la valeur des marchandises telle qu'elle est constatée par les factures, on stipule une diminution sur le montant ; et on dit :

L'acquéreur prendra les marchandises au prix de facture sous la déduction de            p. 100 sur le total, etc.

Dans le cas où l'acquéreur et le vendeur conviennent que ce sont les évaluations données au dernier inventaire qui détermineront le prix des marchandises ; on stipule :

L'acquéreur prendra les marchandises se trouvant en magasin, au prix déterminé dans le dernier inventaire annuel fait par le vendeur, dont il déclare avoir pris connaissance ; quant aux marchandises portées audit inventaire et qui n'existeraient plus dans les magasins, leur valeur sera défalquée du prix de vente, celles qui, au contraire, ne s'y trouveraient pas portées, à la condition qu'elles aient été acquises après la confection de l'inventaire, seraient payées au prix de facture. *On peut encore stipuler une diminution, et on ajoute alors :* sous la déduction de        p. 100.

- NOTA. « Il est plus sage, aussi bien dans l'intérêt du vendeur que dans celui de l'acquéreur, de fixer par l'acte de vente le prix déterminé pour les marchandises et de le comprendre dans celui de la vente. »

. 3° Le droit au bail des lieux où s'exploite le fond de commerce présentement vendu, lequel fait par (*acte sous seing privé ou par acte authentique énoncer la date du bail, son enregistrement ; s'il est sous seing privé il faut copier la mention de l'enregistrement*), a encore une durée de            et expire le                .

ARTICLE II.

L'acquéreur prendra les lieux sous-loués dans l'état où ils se trouvent actuellement, et devra les rendre conformément à l'état des lieux qui en a été dressé le            et dont le double lui a été remis :

S'il n'y a pas eu d'état des lieux, on stipule qu'il devra les rendre à la fin de la jouissance en parfait état de réparations locatives.

Il exécutera aux lieux et place du vendeur toutes ces charges et obligations imposées par le bail, et profitera des avantages qui en résultent.

Il paiera entre les mains du propriétaire et en l'acquit du vendeur, les loyers à échoir au fur et à mesure de leur échéance.

Il acquittera entre les mains de l'administration, les impôts mis à la charge du vendeur par le bail présentement cédé de façon à ce que celui-ci ne soit jamais inquiété ni recherché.

Pour faciliter l'exécution du bail dont s'agit et de façon à ce que l'acquéreur ne puisse exciper de son ignorance sur les termes de l'acte, le vendeur a remis à l'acquéreur le double de ce bail, lequel rédigé sur un timbre de       est signé de M.       comme bailleur et de       comme preneur.

L'acquéreur s'oblige à mettre à la disposition du vendeur l'acte de bail dans ce cas où le dernier pourrait avoir besoin de le produire, d'en justifier ou d'en exciper pour n'importe quelle cause.

### ARTICLE III.

L'acquéreur remboursera au vendeur le jour de l'entrée en jouissance, la somme de       payée au bailleur pour les six mois de loyer d'avance imputables sur les deux derniers termes de jouissance, et ce sur la production de la quittance qui en constate le paiement par le vendeur.

### ARTICLE IV.

L'entrée en jouissance du fond de commerce présentement vendu, celle des lieux où il s'exploite, la prise de possession des marchandises, du matériel, de tout ce qui fait en un mot l'objet de la présente vente aura lieu le       c'est-à-dire à l'expiration des dix jours, à partir de la publication, pendant lesquels les droits des tiers sont réservés.

### ARTICLE V.

Outre les charges, clauses et conditions qui précèdent, la présente vente a lieu moyennant le prix principal de :

NOTA. Ce prix varie suivant qu'il ne comprend que le fonds de commerce, que la cession du bail, ou selon qu'il comprend les marchandises et le matériel, ou l'un ou l'autre. Les époques de paiement dépendent des conventions que nous ne pouvons prévoir.

Dans le cas où le prix ne serait pas payé comptant, ou que pour une cause quelconque le vendeur exige soit une caution, soit un nantissement, soit une hypothèque, soit un transport de valeur à titre de garantie, il convient de se reporter aux modèles qui diffèrent suivant la nature de la garantie donnée.

L'acquéreur ne doit pas payer son prix avant les dix jours qui suivent la publication de l'acte de vente, et s'il survient des oppositions, il doit s'abstenir de tout paiement. Nous traiterons des difficultés qui peuvent se présenter pour l'acquéreur et pour le vendeur et dans l'intérêt des créanciers de ces derniers.

La publication de la vente doit se faire dans l'un des journaux désignés à cet effet par le préfet du département pour les annonces légales, elle doit être brève, du reste, nous allons en indiquer la formule.

### FORMULE N° 4

#### Publication de vente de fonds de commerce.

Par acte du       M.       *(nom, prénoms, demeure, domicile),* a vendu à M.       *(mêmes indications)*       son fonds de

commerce de            qu'il exploitait à            Tout le matériel et
les marchandises en dépendant; moyennant le prix stipulé. Les oppositions qu'auraient à faire les créanciers ou toute autre personne
ayant intérêt, soit à attaquer cette vente, soit à s'opposer au payement
du prix seront reçues chez

## FORMULE N° 5

### Procès-verbal pour l'estimation du Matériel ou des Marchandises par les experts choisis.

L'an mil huit cent soixante-seize le            heure de            par
devant nous; *(noms, prénoms, professions et domiciles des arbitres ou
experts)* réunis dans le cabinet de M.            l'un de nous, ont comparu M.            noms, prénoms, profession, qualité *(soit du vendeur,
soit de l'acquéreur, soit des deux)*.

Lesquels nous ont dit.

Que par acte sous seing privé, en date du            enregistré
le            F° C/ R° ou V°, par le receveur qui a reçu les droits, contenant vente par M.            à M.            d'un fonds de commerce *(industriel
ou autre)* exploité à            rue            moyennant le prix de
nous avions été nommés à l'effet d'évaluer le matériel, l'outillage, les
marchandises dépendant du fonds de commerce, avec stipulation que
le mandat qu'ils nous confiaient était celui d'amiables compositeurs,
qu'en conséquence nous devions procéder à cette estimation sans
l'accomplissement d'aucune formalité judiciaire, que notre décision
serait en dernier ressort, et que faute de nous entendre sur la valeur
à donner aux objets faisant partie de la vente dont s'agit, nous avions
le droit de choisir et nommer un tiers de notre choix pour nous départager.

Qu'ils nous priaient d'accepter la mission qu'ils ont confiée par les
conventions réglant les conditions de la vente et de l'acquisition dont
s'agit, s'engageant par le présent à exécuter notre sentence dans
toutes ses parties, ainsi que celle qui serait rendue par le tiers que nous
nommerions en cas de partage.

Sur quoi obtempérant à cette prière, nous avons déclaré accepter la
mission dont s'agit dans les termes de l'acte sous seing privé, qui nous
désignaient et nous constituaient en tribunal arbitral.

Et à l'instant, l'acquéreur et le vendeur ont déposé sur notre bureau :
1° l'acte de vente nous nommant aux effets que nous venons d'ana-
lyser, et nous avons indiqué aux parties le            heure de
pour nous transporter dans l'établissement, à l'effet de procéder à la
mission qui nous est confiée, auxquels jour et heures les comparants

se sont obligés de se présenter sans sommation préalable, et ont signé le présent procès-verbal.

Signatures des comparants et des arbitres.

Et le                    heure              en conséquence de l'indication faite par notre précédent procès-verbal, nous arbitres experts soussignés nous sommes transportés à                    rue              ou étant nous avons trouvés réunis M.              vendeur. M.              acquéreur et nous avons procédé à l'estimation dont nous étions chargés de la manière suivante :

Dans une pièce au rez-de-chaussée, etc.

*Désigner* les choses estimées, mettre le chiffre de l'estimation à chaque article.

Et si une séance ne suffit pas les arbitres rédigent ainsi :

Et vu l'heure avancée nous avons renvoyé la continuation de nos opérations à              heure de              et les parties se sont engagées à se présenter à ces jour, lieux et heure sans sommation préalable et ont signé avec nous après lecture sous réserve de leurs droits.

Et le

On continuera les mêmes formalités jusqu'à la clôture.

Et enfin les experts terminent ainsi, s'ils sont d'accord :

Le montant de nos estimations s'élève à la somme de : se composant ainsi :              pour le matériel              pour l'outillage pour les marchandises :

Que l'acquéreur est obligé de payer au vendeur dans les termes de leur convention et nous avons clos ainsi notre procès-verbal, en liquidant à la somme de :

Les frais de notre expertise, y compris les honoraires qui nous sont dus, lesquels seront supportés par l'acquéreur (*ou par les deux parties, suivant que, par leurs conventions, ce soit l'un ou l'autre qui en soit chargé*).

On ajoute ensuite l'adhésion à cette décision.

Les soussignés, après connaissance par eux prise de l'expertise et du procès-verbal qui précède, ont déclaré adhérer de la façon la plus formelle à la décision qu'il contient, et s'obligent à l'exécuter, chacun en ce qui le concerne, sans aucun recours, et dispensent les arbitres d'en opérer le dépôt au greffe du tribunal, s'engageant à l'exécuter dans toutes ses dispositions, et ont signé à                    , le              .

Nota. Si l'estimation n'a été faite que par un seul arbitre, il suffira de faire les changements du pluriel au singulier.

Supposons le cas où les arbitres ne sont pas d'accord et nomment un tiers pour les départager. Dans cette circonstance, chaque expert donne son appréciation, il est dressé un état disposé en deux colonnes, l'une contenant l'estimation donnée à chaque article par l'un des experts, et celle donnée par l'autre dans l'autre. Le tiers arbitre ne peut que choisir entre l'une ou l'autre estimation, sans en donner une troisième.

Ne pouvant tomber d'accord sur la totalité des estimations à donner, et en vertu des pouvoirs qui nous ont été conférés, nous déclarons choisir pour tiers arbitre M.          chargé de nous départager sur les points qui nous divisent et qui sont les suivants.

Indiquer les points sur lesquels les arbitres ne sont pas d'accord.

Le tiers arbitre rédige sa sentence ainsi :

Nous          tiers arbitre, choisi par MM. arbitres amiables, compositeurs, nommés par acte sous seing privé en date du          enregistré le          pour statuer dans les termes indiqués au dit acte, sur les points désignés, après avoir accepté la mission à nous confiée et entendu les deux arbitres en leurs explications sur les points pour lesquels ils n'avaient pu se mettre d'accord, avons décidé :

Que sur le premier point il paraît équitable d'adopter le chiffre proposé par M.          sur le deuxième point, etc.

Et après avoir statué sur tous les points pour lesquels les arbitres étaient d'un avis contraire, nous avons arrêté notre décision de la façon ci-dessus indiquée, et clos notre procès-verbal.

Les frais de notre tiers arbitrage sont liquidés par le présent à la somme de          qui seront supportés pour ce qui nous concerne par moitié entre les parties.

Fait et délibéré à          le

A la suite de cette décision les parties déclarent acquiescer à la sentence, dans les termes que nous avons indiqués précédemment ; sinon le tiers arbitre dépose au greffe du tribunal et sa sentence et les autres pièces. La partie la plus diligente demande l'exéquatur, et dans une de nos causeries nous indiquerons les formalités à suivre pour l'obtenir, ou attaquer la décision.

Nous avons cherché à traiter tous les cas qui se présentent en pratique, nous n'avons pas la prétention de les prévoir tous, mais nous sommes à la disposition de nos abonnés pour leur donner gratuitement les conseils que nécessiterait un cas que nous n'avions pas prévu.

*(A suivre).*